満ち欠けスケジューリング術

MOON PLANNER

MOONPLANNER'S PUBLISHING

手帳は、幸運に頼らないための道具

人生は時間でできています。時間は誰にでも平等に与えられます。

なのに、どうしてこんなにやりたいことができないのだろう、時間に余裕がないのだろう。時間に余裕ができればやりたいことができると思ったのに、時間ができても今度はやりたいことが進まない。

ムーンプランナーという不思議な手帳を作ってから、この「時間があるのにできない」という謎の現象が本当にたくさんの人に起きていることがわかってきました。

この「できない」に対処する方法として、「手帳に願いごとを書いておくと叶う」という多くの書籍などで言われることをやってみた人もたくさんいたと思います。このやり方は、確かに効果的です。

だけど、どうもうまくいかない。

手帳術に頼って、いろんなやり方を試したり、いろんな手帳を買ってみる。それも、どうもうまくいかない。

チャレンジしている人たちは、真面目で勉強もできるタイプの人がとても多いです。それなのに、うまくいかない。

そんな今まで費やしたたくさんの努力も無駄にしないで取り組んでいけるのが、月の満ち欠けリズムを一つの軸にした『満ち欠けスケジューリング術』です。

新しい手法はあまり多くはありません。ただ、いつものカレンダーの流れのほかに、月のリズムの時間軸を持って別角度からスケジュールを眺めるのです。

すると、見え方が変わってきます。

ぎゅうぎゅうに詰め込みすぎていたことに気がついたり、実は余裕があることに気がついたり。

そして自分を動かすフックが、満ち欠けにはたくさんあります。

それを、取り入れられる範囲で取り入れていくだけ。


祈って願いを叶える方法というよりは、単純に時間の流れの単位を変えて、違う視点で時間を眺めてみるということ。そしてやりたいことや目標も時間の流れにのせやすくするために整えるということ。つまり、非常にシンプルなスケジューリング術の一つなのです。


この手法は、最初は私が自分用に手書きしていたオリジナルレイアウトの手帳が始まりになっています。

満ち欠けをスケジューリング術に取り入れるというと、なんだかスピリチュアルで神秘的なイメージになりがちです。最初は確かに単なるゲン担ぎで満ち欠けを取り入れていました。

ところが、実際に満ち欠けのリズムでスケジュールを組んでみると、思いのほかいろんなことがスムーズに進みました。

ムリに思えた目標がサクッと達成できたり、一度止まってしまったことや、なかなかうまくいかなかったこともしっかりと粘って乗り越えられたのです。

「これは単なるゲン担ぎやお祈りのご利益で片づけられない、誰にでも当てはまるようなシンプルな仕組みがあるのでは？」

その思いから、手書きの手帳をシンプルに作り直し、『ムーンプランナー』として販売を始めました。月は常に空にあり、私だけではなく、誰にでもこのやり方は有効だと思ったからです。カレンダーをその月の1日からではなく、ただ新月と満月から始まるように作り替えただけなのですから！

最初は「こういうものが欲しかった！」と見るだけで説明もいらずに購入

していく人がほとんどでしたが、少しずつ知られていくようになる中で「どういうふうに使ったらいいのかわからない」というお声が増えてきました。
最初に説明もなしに買っていった人たちは、すでに自分の生活の中に満ち欠けを取り入れる知識やコツ、感覚を持ち合わせている人たちだったのですが、現代社会ではどちらかというと少数派です。むしろよくわからないという人のほうが多いのだと思います。

そこで、そんな月のリズムのことはよくわからないけれど、きっとここに何か答えがありそうだと思っている人の糸口になるように、時間の捉え方から目標をブレイクダウンして日常生活に取り入れるまでの流れを一通りまとめました。
同時に、夢を叶えるノート術や手帳術で余計こんがらかってしまった状況を一度整理し直してみました。

今まで私たちがやってきたやり方はうまくいかないこともあったけれど、

けして間違っていたわけではありません。どんな方法であれ、その効果があります。でもそれを生かすことができなかったのです。

そこから変えていくには、何かを否定するのではなく、違う方向から見てみる。太陽のリズムでできた今の社会の時間ではなく、月のリズムの時間から眺めてみる。そんなやり方もあるのではないかと思うのです。

月の誕生には諸説ありますが、少なくとも月のある状況下で生命は進化してきました。主に都市部での現代生活では月はもうあまり必要とされなくなってきていますが、漁業や林業などでは月の存在は重要な環境の一つです。

そこにいろんな意味を見出そうとするのは、人間の営みです。古来より人は自然から意味を見出そうとしてきました。そしてそれに従って行動していました。人間が自分を動かしていくために必要なことだったのでしょう。

それと同じことを、もう一度この科学の発達した現代社会の中で、現代にあった形で取り入れていきたい。

それがこの『満ち欠けスケジューリング術』です。

現代にあった形で、月のリズムを取り入れ、現代の生活スタイルに沿う形で自分の生活をうまく調整していく考え方がたっぷりと詰まっています（だから古代のお祈り的な内容は少ないです）。

時間の長さを変えるわけでも、スキマ時間を捻出するハックでもありません。ただ見方を変えることから始まっています。それも古来よりずっと地球に寄り添ってきた月のリズムという普遍なものに基づいて。

幸運になるようにと始めた手帳術は、いつの間にか幸運に頼らないための手帳術になりました。

誰かから気まぐれに与えられる幸運を願うのではなく、自分の力で自分の生活を調整して欲しいものをつかんでいく行動力につながる技術です。

それは「時間があるのにできない」理由の理解につながりますし、それの改善にもつながっていきます。自分で決めたことを自分で達成するというのは、想像している以上に素晴らしい体験です。
優しく安らかな自信に満ちています。
それだけの力はすでにあなたの中に培われています。
それを、いつもとは違う角度の月のリズムという視点から、引き出していきましょう。

満ち欠けスケジューリング術　目次

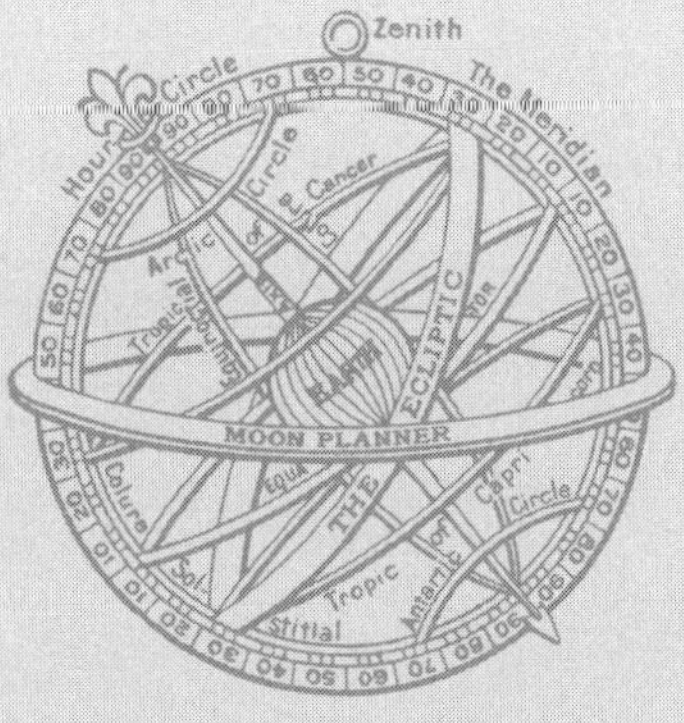

CONTENTS

CONTENTS

第5章

終わりに

CONTENTS

16

第1章

高機能な満ち欠けリズムを手帳術に取り入れよう

満ち欠けスケジューリング術ってなんだろう？

満ちかけスケジューリング術とは？

①満ち欠けリズムの約2週間サイクルで俯瞰して、計画・調整し、切り替えていく。
②生活の中の様々な行為・行動を「満ちていく期間＝増やすこと」「欠けていく期間＝減らすこと」に分類して考え、満ちていく期間と欠けていく期間でそれぞれテーマを持って過ごす。
③目標も、満ちていく期間の増やすべきことと欠けていく期間の減らすべきことの二つの面から考えて、より精密にブレイクダウンしていく。
④変化を自分でデザインして、満ち欠けリズムにのせて取りこぼしなく実行する。

新月や満月の日に何かをするということではなく、自分自身で自分の予定や、やりたいことを、満ち欠けを一つの基準として調整していくことが、満ち欠けスケジューリング術です。

1　大切なのは新月・満月ではない

月の満ち欠けスケジューリング術と聞くと、「新月に何をしたらいいの？」「満月には？」という問いが浮かぶことがとても多いです。また、この日にこれをすべきでこれはしてはいけない、というルールのようなものを想像する人も多いです。

実は、満ち欠けで重要なのは新月と満月ではないのです。

大切なのは、満ちていく期間・欠けていく期間という期間で捉えること。

新月と満月はその節目でしかありません。もちろん、節目は大切なのですが、節目のみに注目しても満ち欠けの力は発揮されません。

多くのカレンダーに新月と満月のアイコンが印刷されるようになりましたが、実はそのせいで余計に満ち欠けの力が発揮しにくくなってしまっている側面もあるのです。

新月と満月だけにアイコンがある状態では、満ち欠けは、点として捉えられてしまいます。点として捉えると、満ち欠けの効果というのはつかみにくいものになります。

重要なのは、点ではなく線、つまり期間で時間を捉えていくという感覚です。

ムーンプランナーという不思議な手帳を作ってわかったこと

月の満ち欠けの本当の力を知るようになったのは、実は手書きで作っていた新月から始まるスケジュール帳からでした。それをもとに『ムーンプランナー』というちょっと特殊な手帳を作り出しました。

ムーンプランナーはとても変わったレイアウトで、新月と満月からページが始まります。1日や月曜日からではありません。新月と満月の日の枠はほかの日にちより大きくなっています（半月の日の枠も大きいです）。日数も14～16日とバラつきがあります。

そして、春分の次にくる新月から始まる春夏版と、秋分の次にくる新月から始まる秋冬版に分かれている1年2冊の分冊スタイルです。

ムーンプランナーのレイアウト

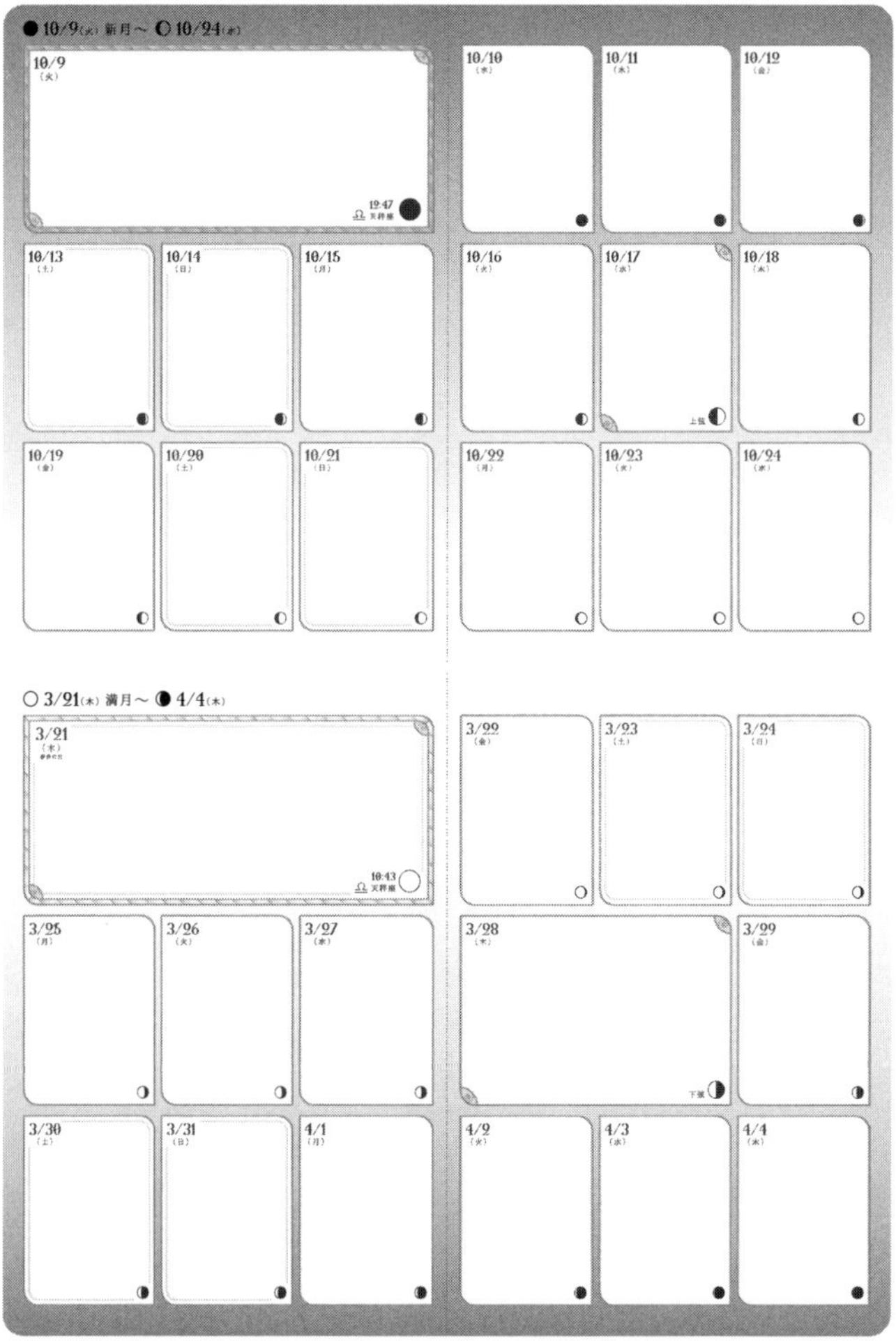

意匠登録第1509779号／商標登録第5770217号

このレイアウトスタイルを思いついた当時、土日が一番忙しく平日休みというシフト型の仕事で生活をしていました。つまり、土日が一番後ろにくるレイアウトの手帳があまり意味をなさない生活だったのです。

そこでふと思いついて、スケジュール帳を新月から始まるように書き換えてみました。1ページに新月と満月を入れるとぎっちりになってしまうので、新月から1ページ、満月から1ページにしました。

最初は、単なるゲン担ぎでした。新月から物事を始めるとうまくいくとか、満月から月が欠けていく時期に整理や掃除をするといいといういわれを聞いて、なるほどと思い作り替えてみたのです。

なので、一般的なカレンダーのレイアウトは完全に無視しています（太陰暦ではなく、普通の太陽暦を新月満月の日にちで区切って並べ替えただけです）。

ところが、この手書きの手帳を使い始めてから、様々なことがうまくいくようになりました。

そのときは人生でもなかなかハードな時期で、実家に大きな借金があってその返済が私のところにまでやってきていました。しかし、もうとっくに家を出て都会で働いているので、田舎に帰ったところで仕事もなく、就職もできそうにありません。
そもそも、私が仕送りをすると言ってもこちらの生活もあるし、限界があります。仕送りをやめたらそれですべては終わってしまう。それではなんの解決にもなっていません。なので、実家でできる仕事を作って、実家で収入を得るようなビジネスを立ち上げようとしていました。

簡単な状況ではなかったのですが、なんのツテもコネもなかった借金まみれの状態から、たった3年ほどで年商1000万円を超えるビジネスに成長したのです。実家がもともとレストランだったので、そこでお菓子を作って通販をすることにしました。無我夢中で、ありとあらゆる努力をして、ものの3年ほどである程度回るようにできたのです。
最初の1年ほどは、まったくと言っていいほど収入にはなりませんでしたが、おおよそ3年で融資も受けずに自分の仕事をしながら二足のわらじで始めた結果としては、非常に大きいものがありました。

そのときにずっと使っていたのが、この満ち欠け基準の手書きのスケジュール手帳でした。

「これは、きっと何かの力がある」

　自分の経験からも確信のようなものを得ました。


　もともと手帳は好きでしたが、毎日書くようなことはしていませんでした。子どものころも学校で毎日提出しなければならない日記帳は頑として提出しないほど、興味もないし、ストレスに感じるタイプでした。

　仕事の予定は、どの日にどこに行くという大きな予定さえ間違えなければ特に問題はなかったので、自分で詳しくスケジュールを組むということにもそれほど熱心ではありませんでした。

　手帳は持っているけど、あまり書き込むことはないタイプだったのです。


　それなのに、満ち欠けにあわせて自分で作り直した手帳（今のムーンプランナーの原型）は、不思議なほど手ごたえがありました。

　そして予定を組むことが簡単に感じられ、計画もぴょんぴょんと跳ねるように進んでいったのです。

いつもは空白だらけの手帳を夏ごろには放り出していたのに、数カ月先まで手帳を手書きで作って、予定や計画をどんどん書き込んでいることも不思議でしたし、充実感と集中力が続いていたのも不思議でした。

作りは非常にシンプルです。

正直、これといってスピリチュアルめいたご利益があったわけでもありませんでした。

それでも効果がある。

よく考えれば、月は地球ができたころからあるもので、普遍です。誰にとっても平等にあります。地域も国も無関係です。海の満ち引きは月の引力を実感できる大きな現象ですが、そういう力が確実に私たちにも影響しています。

でも、そういうことだろうか？　ご利益とか自然現象というよりも、単なる時間のリズムの問題なんじゃないだろうか？

そこから、満ち欠けリズムのスケジューリング術について、考えることになりました。

把握しやすい約2週間のスパン

ムーンプランナーは、新月か満月からページが始まります。そして1見開きで14～16日間が見渡せます。約2週間です。

この約2週間のスパンでページが切り替わっていくのがムーンプランナー最大の特徴です。この形を作ったことから、満ち欠けリズムの効果が徐々にわかるようになっていきました。

ムーンプランナーが手元になくても満ち欠けスケジューリング術は実行可能ですが、市販の1カ月マンスリー型の手帳だとちょっと問題があります。できれば日付の入っていないマンスリータイプの手帳を用意して、新月から始まる日にちを入れていくのがおすすめです。

理由は、パッと目で見て把握することが何より重要だからです。

手帳は、時間の容量を量るための道具です。お米を１合（約１８０ミリリットル）を量るのに１リットルのメジャーカップを使うのは、ちょっと面倒です。それと同じで、パッと見て容量がわかることがとても重要なのです。ここでは手帳なので、容量というのは時間の容量（どのくらいの時間があるか）になります。

普通のカレンダーでは１カ月の間に新月と満月がマークされているだけのことが多いため、新月満月の日のみがピックアップされて目に飛び込んできます。そうすると、満ちていく期間・欠けていく期間というものが把握しにくくなってしまいます。

新月や満月の「その日」しか見えなくなってしまうレイアウトなのです。

ムーンプランナーを作って実感したのが、この約２週間スパンという単位が、非常に大きなポイントということでした。

現代社会は、非常に速いスピードで進んでいます。

多くの働いている人は１週間を基本単位として動いていますが、この１週間という流れは仕事をするためのリズムです。

そこに加えて自分の生活や、やりたいこと、プライベートの活動があります。自覚している以上に、とても過密なスケジュールで動いているのです。時間も限られ、体力的にもいっぱいいっぱい。そんな状況にいる人が少なくありません。

ところが、これを約2週間という大雑把なスパンで区切ってみると、思ったよりも時間があるように見えるのです。実際に時間が増えたわけではないのですが、区切る位置を変えただけで、見えなかった予定のコリやつまりが見えてきます。

身体のコリと同じように予定やスケジュールが1カ所でもつまるとほかにも影響がいきます。そこを取り除くだけで、スケジュール全体がうまく動くようになることは少なくありません。

それには、いつもの見方ではなく、ちょっと俯瞰して全体を見る必要があります。そのときに、この約2週間という月のリズムが非常に役立つのです。

曜日から離れてみると、見えるものが増える

月の満ち欠けは、曜日に沿ってはいません。だいたい２週間単位で動きますが、月の軌道は真円ではなく楕円形なので、日割りにすると新月から満月まで14日間から16日間と日数も安定していません。

太陽のリズムである１日という単位で月のリズムを測るのはちょっと無理があるのです。センチとインチの違いのようなものですね。

ですが、現代の生活は１日という単位を基に作られているので、それを中心に動いています。

この太陽のリズムを基礎とした暦はいくつかあるのですが、日本では明治期にそれまでの太陰暦から太陽暦のグレゴリオ暦を国として正式に採用しました。それが現代まで継続しています。変更した当初は非常に混乱したようですが、現代では普通のこととして受け入れられ、運用されています。

今では、より見やすく、把握しやすいように曜日も重要視されていて、「何日」と言わ

れるよりも「来週の火曜日」と言われたほうがわかりやすく感じる人も多いでしょう。

この太陽暦のカレンダーや曜日の仕組みは、他人とのコンセンサス（合意）を取るときに非常に重要です。来週の火曜日は、誰にとっても同じ日を指しています。日にちと曜日の片方を言い間違えてもダブルチェック機能として働いてくれます。

なので、世の中はかなりこの曜日のシステムで動いています。

ところが、それがあまりに惰性になってしまうと、自分が何をやっていたのかも曖昧になってしまうことが起きてきます。意識が薄くなってしまうというか、〝今〟に意識が集まらない感覚になります。

曜日というのは、環境の一種なのです。環境にもいろいろな種類があるのですが、これは時間的な環境です。その環境に振り回される形で、生活を無意識に惰性で動かしていることはとても多いです。

月のリズムにのせて自分の生活を見てみると、曜日や12カ月の区切りを一度取り去った状態になります。

それによりフラットな視点で生活を見直すことができるようになり、自分の抱えている課題に気づけたり、思ったよりも多くのことができていると自信につながっていくことがたくさんあります。

曜日も人から与えられたリズムです。自分のリズムではありません。そこで月のリズムというもう一つ別の視点を持ってみると、特に今まで無理をしていた人ほど、いかに与えられたリズムにあわせて自分のリズムを矯正していたのかが浮き彫りになります。

現代社会にこそ向いているゆるやかなリズム

曜日にとらわれず、おおよそ2週間単位で繰り返される満ち欠け時間のリズムは、一見使いにくいのではないかと思われますが、実は現代の忙しい社会にこそ役立つものなのです。

まず、いつもとは違う節目の約2週間で切り分けることで、時間のつながりがよりはっきりと見えてきます。

区切りの時間である週末、月末月初、あるいは大晦日と元日でさえも、それぞれが昨日の続きです。社会の上では途切れていた時間も、ちゃんとつながっているという感覚が目で見て感じられるのです。

1週間で動いていると、土日でこの週はこう過ごそう、こんなことをやろうと思っていても、仕事をしている人は自由に使える時間が非常に少ないです。週の半ばでやっとやりたいことをちょっとやってみても、疲れてしまって土日を迎える、そんな繰り返しになりがちです。

けれども、約2週間という区切りで見てみると、意外にいろんなことができていることに目が向くようになります。

1週間だけでは見えてこない成果が、約2週間もあると「あれも、これもできた」と見ることができるのです。

じゃあ1カ月で俯瞰したらいいのではないか、というと、今度はそれだと長すぎるのです。

1週間では短すぎ、1カ月では長すぎる、そのちょうど間の約2週間という期間は、非常に現代社会の生活に向いているスパンです。

予定を立て、またそれをちょっと調整するのにも、長すぎず短すぎないちょうどいいスパン。これを、通常のカレンダーで組まれた仕事の予定などのほかにもう一つの尺度として持っていると、変更や調整がとても簡単にできるようになります。

今までのカレンダーや曜日のシステムを捨てるのではなく、そこに新しく月のリズムをかぶせて違う角度から見直してみる。そういう調整をするだけで、自分の生活のつまりがどこにあるかがはっきりと見えてきます。

満ち欠けスケジューリング術その①

まずは満ち欠けの持つ約2週間サイクルで
生活を見直してみよう。
それだけで、いつもの時間の流れの見え方が変わる。
やることも、変わってくる。

ムーンプランナーがないときは

満ち欠けスケジューリング術には、満ち欠けを点ではなく期間で見ることができる手帳がとても重要になります。しかし、市販されているスケジュール帳は、新月や満月だけがマークで入っているものが多いです。

毎日の満ち欠けの詳細が書かれている満ち欠けカレンダーなどもありますが、基本のレイアウトは1日から始まる12カ月のグレゴリオ暦型カレンダーになっています。これらは満ち欠けを期間として把握するのには少々向いていません。

ムーンプランナーは、満ち欠けを期間で把握する形に作られていますが、お手元にムーンプランナーがない状態で満ち欠けスケジューリング術をするときには、日にちの入っていないマンスリー手帳に自分で新月期間・満月期間とページを分けて日付を手書きで入れるカスタマイズがおすすめです。

または、ちょっとごちゃごちゃしてしまいますが、マンスリー手帳を、新月期間・満月期間でそれぞれをマーカーなどで囲って、時間のかたまりがはっきりとわかるようにするのもいいと思います。

ご自身で新月と満月の日にちを調べるときは、日本の場合は国立天文台が発表している「暦要項」の中に「朔弦望《さくげんぼう》」というものがあります。ここで満ち欠けの時刻を調べることができます。インターネット上でも公開されているので、手軽に正確な日にちと時間を確認することができます。

日本以外では、その国の時刻を確認する必要があります。月の満ち欠けは世界中同じタイミングで起きるために、表示するときには時差が生まれてきます。日本は10時に新月を迎えたとしたら、中国や台湾などでは1時間遅れの9時が新月の時刻です。海外で満ち欠けスケジューリング術をするときは、その国の新月・満月の日時を確認しましょう。

満ち欠けスケジューリング術を行うときも、一般的なスケジュール帳を並行して持つことがおすすめです。

満ち欠けの時間の流れは、現代社会の流れとはちょっと違っています。特に人との約束が多い仕事をしている人は、仕事用のスケジュールは一般的な形の手帳をお使いになるのがおすすめです。そのほうが間違いがありません。

ムーンプランナーなど、満ち欠けスケジューリング術をする手帳でおおまかに予定や計画を作り、ご自身のスケジュール帳に予定を書き写して使うというやり方がとてもスマートです。

それほど人との約束が多くない場合や、仕事の管理は職場の机の上にあるカレンダーで十分足りるという人は、満ち欠けスケジューリング術手帳のみでもプライベートの予定を管理することはできると思います。

2 「いつやるか」を自動で決めてくれる仕組み

満ち欠けの基本

月の満ち欠けには二つの面があります。満ちていく期間と欠けていく期間です。これには、それぞれ役割があると言われています。

> 満ちていく期間 ⇓ 始める・増やす・広げる・吸収する
> 欠けていく期間 ⇓ 完成させる・リリースする・整理や準備

自分の生活のいろんなことをこの二つの面に分けて考えて、それを満ち欠けを基準にスケジュールに組み込んでいくというのが、満ち欠けスケジューリング術の基礎になる考え方です。

満ち欠けの基本

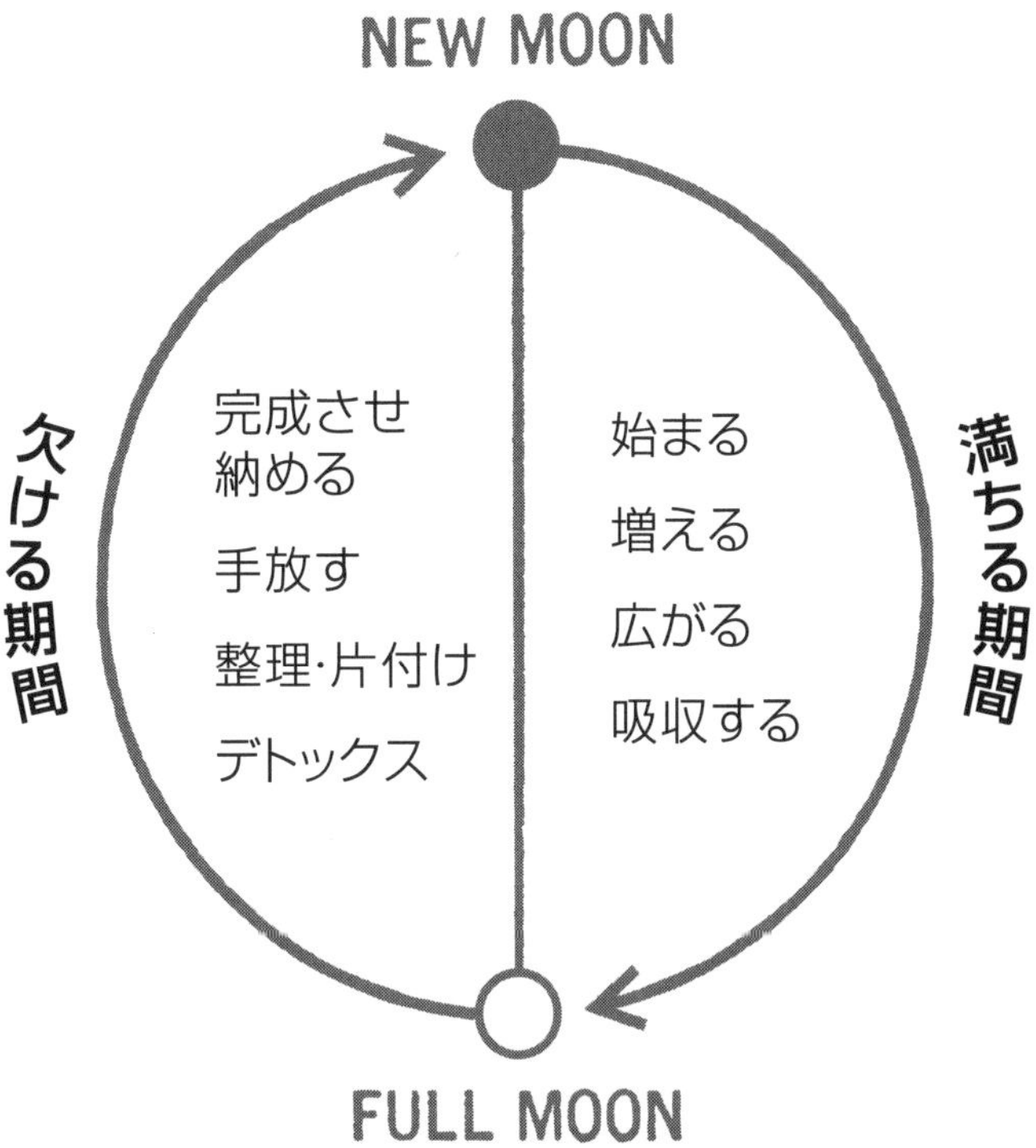
NEW MOON
欠ける期間
完成させ
納める
手放す
整理・片付け
デトックス
始まる
増える
広がる
吸収する
満ちる期間
FULL MOON

テーマが最初から設定されている自動スケジューリング機能

満ちていく期間と欠けていく期間のテーマが最初からあるということは、単純なTODOなどは満ち欠けに沿ってその時期に行ってしまえばいいだけです。ゴミを捨てるとか、定期的に掃除する、衣服のクリーニング、散髪や歯医者の健診など、人はいくつものTODOを持っています。日にちが決まっていないものもたくさんあります。うっかりすると忘れてしまうものも多いです。

それらを、満ちていく期間の課題なのか、欠けていく期間の課題なのかを見極めて、月のリズムにあわせて配置してしまいましょう。

これが満ち欠けスケジューリング術の基礎になる考え方です。

やることや、やりたいことを月の満ち欠けのように二つに分けて捉え直し、自分のスケジュールに組み込んでいきます。組み込むときにも、満ち欠けを基準に用います。満ちていく期間は、増やしたいことを。そして欠けていく期間は、減らしたいことを中心に実行していきます。

それだけで、今まで停滞していたやりたいことのスケジュールがグッと進んだり、こんがらかっていた大きな課題を解決する糸口を見つけることにもつながっていきます。

単純に時間の使い方を見直すとか、スキマ時間を有効利用するということではなく、自分の生活や、今やっていること、これからやりたいこと、すべてを違う視点で捉え直し、新しい時間感覚で再編集していくような感じです。

満ちていく期間のテーマに沿ったことだと、新しい本を読んでみることとか、もっと多くの知識が欲しい、仕事で新しい顧客を獲得したい、人からいい評価をたくさんもらいたい、などです。

欠けていく期間のテーマだと、掃除やいらないものの整理、痩せたい、今まで作ってきたものを完成させ納品する、すでにある顧客リストの整理や古い顧客への案内などです。

同じ行為・行動でも、人によって、または条件によって、増やしたり吸収することになったり、逆に減らしたり出力することになります。

例えば本を読むことは一般的にはインプット＝吸収することと言われますが、それがずっと学んできた外国語で本を読むことであれば、学んで身に付けた技術をアウトプット＝出力するということになります。

物事の表面だけを見ずに、自分自身にとってそれがどういうことに当たるのかをよく考えてみましょう。

自分の生活の中のルーティーンを、満ちる期間と欠ける期間に分けて書き出してみよう。

○新月から満月に向かって満ちていく期間⇓新しいことを始めたり、増やしたり、吸収すること

●満月から新月に向かって欠けていく期間⇓手持ちのものを完成させたり、不用品を捨てたり、整理整頓し、次の準備をすること

という二つの方向にそれぞれエネルギーが向いています。

減らすこと やめること	増やすこと 始めること
・掃除 ・ゴミ捨て ・脱毛・ピーリング ・粗大ゴミを出す ・ ・ ・	・消耗品の買い足し ・病院で薬を処方してもらう ・新しい服を買う ・保湿ケア ・ ・
→欠けていく期間に相性がいい	→満ちていく期間に相性がいい

いつも何気なくやっていることを
二つに分類してみよう

決断疲れの回避

やろうと思っていても「いつやるか」が決められないことはたくさんあります。とても些細な、クリーニング店に服を持っていくとか、歯医者に定期健診に行くとか、必要に迫られてはいないけれど、やらなくてはいけないこと。

こういうものは、切羽詰まらないと行動に移せません。

いつやってもいいので、ほかに重要な予定が入ってしまったら動かせるようにしておきたいという下心も生まれて、余計に決められません。

「やりたいことがあるけれど、いつもできない」という人の中には、この決められない状況がどんどん積み重なって、実行力が下がってしまっている人がかなり見受けられます。

やりたいけど、決められない。その状態でずるずると、気づけば数年が経過していることも少なくないのです。

スケジュールと満ち欠けを重ねて見てみると、実際に行動できる日というのは限られていることに気がつきます。満ちていく期間・欠けていく期間がそれぞれ約2週間あったとしたら、土日が何日かあって、仕事に行く日や帰りが遅い日などが必ず出てきます。すでにある自分の予定を見ていると、実際にできる日にち・時間というのはおのずと導き出されてきます。

つまり「新月までということは、この月曜日しかできないから、この日にしてしまおう」というふうに決めていくのが非常に楽になります。

決断するにはいくつもの条件を勘案してベストなタイミングを選ぶ必要があると感じているからこそ、決定までにとても時間とエネルギーを必要とするのです。こうした選んだり決めたりすることに疲弊することを「**決断疲れ**」と言います。

この決断疲れは、身体の疲れのようにはっきりとわからない分、とっても厄介です。人間は1日の間に数千回にも及ぶ決断を繰り返していると言われています。すぐに決められるものもあれば、延々と決められないものもあるでしょう。この「決められない」をなるべく減らすことは、エネルギーの無駄遣いを減らすよい方法です。

すべてを一瞬でバシッと決められるようになればいいのですが、そうもいきません。悩み、逡巡してよりよいものを選ぼうとするのは人間に備わっている向上心でもあるからです。しかし、そればかりにエネルギーを奪われて、重要な決断、重要な思考を必要とする場面で疲れ切って間違ったものを選んでしまっては、元も子もありません。

些細だからこそ決められない行為や行動を、自分の予定の中で約2週間という月のリズムの区切りを使ってうまくはめ込んでいくという作業に切り替えると、決断するという作業が減ります。

ここで勘違いをしないでほしいのは、すべてのことを満ち欠けで決定することはできないということです。普通に暮らしていく上でそれは不可能ですし、おすすめもできません（掃除は汚れを取り去るという意味では欠けていく期間の作業かもしれないけど、満ちていく期間であってもやらないといけません）。

が、決断力を浪費させる「決められない小さな保留タスク」は、さっさと満ち欠けによる自動スケジューリング機能を使って、やる日を決めてしまいましょう。

それによって決断疲れや保留によるエネルギー浪費を抑え、集中して力を注がなくてはいけない場面に力を使うことができるのです。

一度決めたことを変更するということは、最初の決定する作業よりもずっと使うエネルギーは少なくてすみます。最初に満ち欠けに沿って決めたことに不都合が出てきたら、どんどん変更していけばよいのです。

決めるのに便利な「トリガーリスト」

おおまかに、満ち欠けをガイドに何をするかというリストを作っておくと、非常に便利になります。

これは自分の生活にあわせてカスタマイズすることが大前提なのですが、「この日には何をするべき」という手引きは実は古くから用意されています。満ち欠けにあわせて生活をするカレンダーは、ヨーロッパなどで使われています（特にワイン製造で使われるビオディナミ農法の種まきカレンダーなどが知られています）。

満ち欠けや星座を基準に、農業から家事、掃除や散髪のタイミングまでを網羅したカレンダーです。日本でいうところの「結婚式は大安に、友引は弔事を避ける」など、今でも生活に関わる暦（六曜）に近いところがありますね。

それらの伝承に沿って、現代生活でも取り入れやすい満ち欠けのトリガーリストを作ってみるのがおすすめです。

トリガーリストとは、トリガー＝引き金、つまり思い出すためのきっかけになる一覧表です。これはＧＴＤ（Getting Things Done）という問題解決手法の中で用いられるやり方です。手帳術としてもとても有名で効果的なものだと言われています。

何もないところから考えるのは大変でも「捨てなくちゃいけないものは？」「買っておかないといけないものは？」と言われると、すらすらと思い出せる仕組みを利用して、いつもは忘れてしまうことを一覧にしてそれを見ればやるべきことを思い出すというリストのことです。

それを、満ち欠けにあわせて一つ、ご自身にちょうどよいものを作っておくととても便利です。

次ページにあげていることは、基本形であり、一つの例です。ご自身の生活の中でキーワードからイメージして必要な形にうまくアレンジしたり、追加したりしてオリジナルの満ち欠けトリガーリストを作ってみてください。

また、定期的にすることを月の満ち欠けにあわせて行うと忘れません。

浄水器カートリッジ交換、フィルターや排水口など見えない場所の掃除など、月に1回程度の頻度のものは特に新月や満月など節目を利用して自動スケジューリングしてしまうと便利です。こういうものも、リストに加えておくと、より決断疲れを回避する手助けになるでしょう。

満ち欠けのトリガーリスト例

新月から上弦の月

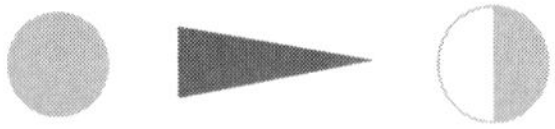

新しいこと、未経験のことにチャレンジしてみる時期。
ここで完成させるのではなく小さな種をまく時期。

□これからのことを計画する
□計画を実行に移す
□新品のものをおろして使い始める
□未経験、新体験に挑戦する
…etc.

上弦の月から満月

欲しいもの、吸収したいことを中心に考える。
吸収力が高まるので、やり過ぎに気を付ける。

□保湿や美肌成分を丁寧に吸収させるスキンケア
□欲しかったものを買う
□勉強は記憶系など「増やす」課題に集中する
□ストレスや過剰なカロリーなど、取りすぎたら困るものをブロックする
…etc.

予定を立てるときにトリガーリストを見ながら立てると取りこぼしが少なくなります。

満月から下弦の月

できたことを仕切り直しのタイミング。一度区切りをつけて身の回りを整えましょう。完成品を納品することも多い時期。

□ゴミ捨て、掃除
□手元の書類やメールなどを整え、不要なものを捨てる
□過去問題や復習に力を入れる
□新規開拓より、手元の顧客整理や棚卸をする
…etc.

下弦の月から新月

いらないものを手放し、新しいものが入ってくる準備をする。掃除が苦手な人はこの時期がチャンス。

□デトックスやディープクレンジング
□使い古した消耗品を捨てる
□大きなものを捨てる
□普段掃除をしない場所を掃除する
…etc.

満ち欠けのトリガーリストは、ご自身の生活にあわせてルーティーンや課題を織り込んで、自分なりに作り変えてみましょう。美容計画や、試験勉強、創作などいろんなリストが作れます。

一番大切なことは、自分の生活をベースにして、自分のためのトリガーリストを作るということです。

学校に通って勉強中の人と、会社員で毎日通勤して仕事をしている人では生活の流れは違いますし、住んでいる場所や趣味など、同じ立場の人でもやることや、やりたいことは変わっていきます。

自分なりの満ち欠けトリガーリストを作ってみてください。

適切な締切り効果

月の満ち欠けリズムは、約2週間のスパンで繰り返されています。そこに満ちていく期間と欠けていく期間でテーマが設定されると、「この2週間のうちにやらなければいけないこと」という締切り意識が生まれます。

人間の力が発揮されるのに、締切り意識は非常に強い効果を発揮します。

この力に覚えがある人も多いと思います。逆に、締切りがないと動けない状態になってしまう人もいるでしょう。

それほど人間の行動に強い影響力を与える時間の概念の一つです。

この締切り効果が約2週間というスパンで最初から設けられているのが、満ち欠けリズムです。自分で決めなくていいので、非常に便利ですし、少々ランダムで設定されているので、惰性に陥りにくく、締切りとしての役割をしっかり保ってくれます。

1週間の社会のリズムとは違う時間軸での締切りは、生活にメリハリを与えます。特に曜日に縛られない部分ではちょっと新鮮な印象になるでしょう。さらに、新月・満月という独特の儀式っぽさもあります。

この締切り効果を使わない手はありません。

他者から追い立てられる締切りではなく、自分で追いかけていく締切りの楽しさを感じる入り口になっていくと思います。

適切な先送りによる「保留の塩漬け」を回避できる

約2週間でテーマが繰り返されていくのが満ち欠けのリズムの特徴なので、1回で終わりというものではありません。一つのサイクルが終われば、また新しいサイクルが始まります。つまり、その期間内でできなかったことは次のフェーズの課題として繰り越しをするのも簡単なのです。

その期間でできなかったら、次の2週間に繰り越します。あるいは、次の満ちる期間、または欠ける期間に適切に先送りができます。手帳の場合は、先にその申し送るべき内容を書き写してしまいましょう。

そうすることで、未来の自分が過去の自分からの申し送りを受けて、きちんと先送りを実行してくれます。必ず書き写すという作業を挟むことで、効果は倍増します。

これが単なる保留となると、次にいつ実行したらいいのかという指針がありません。いつまでも保留のままでタスクが残る塩漬け状態に変化していきます。

適切な先送り、申し送りをするには、あまり長い期間は向いていません。1カ月も放っておくと状況が変わってしまいますし、意識も変わってしまいます。
その点、約２週間という節目は非常に扱いやすいスパンです。

コツは、先送りすることよりも、受け取ること。
過去の自分からの申し送りをきちんとキャッチすることです。

もし、ここまで持ってきてしまった保留の塩漬けがあったら、それはなるべく早く処理をしなくてはいけないかもしれません。

塩漬けの解凍の指針は「**後悔しているかどうか**」です。
後悔があると感じる場合、それはもう解凍が始まっています。特別後悔を感じなければ、もうそれは不要です。スッと心のゴミ箱へ入れて、スッキリ忘れてしまいましょう。

残ったものに対しては、以下の手順があります。

①すぐに着手する ⇓簡単なものなら、悩む必要はありません。やってしま

いましょう。

②関係する情報を集める⇓すぐに着手できないものなら、状況を確かめましょう。

とにかく保留の状態を解除して、生ものに戻すのです。そうすると、実際にはもうやらなくてもいいかと思ったり、逆に急いでやらなくちゃいけないなどの判断がつきます。

保留とは、判断ができない状態です。そこさえ解けばいいのです。

ここでいらないと思ったものは思い切って削除します。それでもまた戻ってくるものは、逃げても逃げ切れない課題かもしれません。諦めて向かい合うほうが吉と出ると思います。取り組んで成果がなかったとしても、心のお焚き上げと言いますか、やることで昇華されることもあります。些細なことかもしれませんが、心のひっかかりを解くことにつながります。

保留の塩漬けは、これから先はなるべく減らしていくことを心がけましょう。

それでも人生の中では最後まで持っていかなくてはいけないような保留が生まれてきてしまうものです。けれど実際には、言うほど恐れるものでもないとも思います。そういうものがいくつかあるのが、人間なのですから。

テーマが変わることで同じ行動にも違う意味が生まれ、飽きずに継続する

満ち欠けでテーマが変わると、同じことを続けていきたいときにも、とても役に立ちます。

例えば、同じヨガのポーズであっても、満ちていく期間は「柔軟性を高めよう」と思ってやってみる。柔軟性が増すということは、増えること。

逆に欠けていく期間は「身体の老廃物の排出を促そう」と思ってやってみる。今度は身体の中のゴミを捨てるイメージになります。

同じポーズをやっていても、意識を変えるだけで取り組み方は変わってきます。それだけで同じことをしていても飽きずに続けていくことができるようになります。

部屋の片づけなら、ゴミを捨てることは欠けていく期間の課題のようですが、満ちていく期間は「スッキリしている空間を増やす」という意識で片づけに取り組んでみると、見え方が変わります。同じゴミ捨てであっても、視点が違うので、より完成度の高い結果につながっていきます。

制作物がある人は、満ちていく期間は「出来上がった部分を増やす」、欠けていく期間は「できていない部分を減らす」という視点を使ってみましょう。両方とも、同じことをしていますが、焦点が違います。

このような同じ行動であっても、満ちていく期間・欠けていく期間で二つの異なったアプローチができます。それが、表から見ると「続いている」ように見えるのです。

この二つの異なるアプローチはこのあとの目標設定においてとても重要な視点になっていきます。

満ち欠けスケジューリング術その②

満ちていく期間＝増やしていくこと。
欠けていく期間＝減らしていくこと。

生活のタスクを二つに分類して、満ち欠けにあわせてスケジューリングしてみよう。
すべてを満ち欠けにあわせる必要はなく、決められない些細なことを中心に。ここで決めたことはあとで変更しても大丈夫。

3 満ち欠けＰＤＣＡ

満ち欠けのリズムは、サイクルでできています。

これが、スケジュール作りに非常に役立つのです。中でも、ＰＤＣＡサイクルには非常によくフィットします。

ＰＤＣＡとは、Ｐ（Plan＝計画）・Ｄ（Do＝実行）・Ｃ（Check＝見直し）・Ａ（Act＝改善、処置）の頭文字を取った手法で、主に工場などの品質向上のための考え方として広まりました。

作ったものを見直して、直すべきところを直していくというアプローチです。

非常に基礎的で効果が高いため、工場だけではなく現在ではありとあらゆる場面に応用されています。

計画してやってみてダメだったところを直し、また計画に落とし込んでいくというサイクルを続けることで、よりよい状態に導いていくやり方です。

これはどんな方法にも使える考え方なので、個人のスケジュール作りや、やりたいことを進める上でも有効です。

ですが、プライベートでＰＤＣＡをやるのは、ちょっとした障害があります。やることが少ないとＰＤＣＡサイクルは回しにくいのです。

日常的なことは、仕事で向き合うほどたくさんやることがありません。そのため、「やったこと基準」でＰＤＣＡをやるのではなく、「スケジュール基準」でＰＤＣＡを回すほうがうまくいきます。

つまり、先に計画する日や振り返りをする日を設定してしまうのです。そこに満ち欠けを取り入れていくと、ちょうどよい配置ができます。

実際にＰＤＣＡの視点でプライベートを見直してみると、実は課題がたくさんあったことに気づき始めるでしょう。最初は惰性であったり無意識で行動していることが多いために、何が課題なのかに気づけないことが多いのです。

動かしていくうちに、見えるものがどんどん増えてくると思います。

月のリズムで行う満ち欠けＰＤＣＡ

新月　Ｐ＝計画

新月は物事の始まり、スタートです。この日に計画を立てておくと、成功率が高まると昔から言われています。月に1回、今後のやるべきことややりたいことなどをきちんと見直し、計画し直す時間を持つのは非常に有効です。

計画のほか、ウィッシュリストを書いたり、新しいプロジェクトを発足させたりします。

毎日のこと　Ｄ＝実行

ここは日々の中で起きていることです。

半月（上弦の月・下弦の月）　Ｃ＝チェック

新月から約1週間後、満月からも同じく1週間後くらいで半月になります。ここでは新月、満月で始めたことを振り返り、計画の進み具合をチェックします。

進みすぎている場合は予定を変えたり、進み具合が悪いときは計画そのものを振り返ります。ここでは改善よりチェックに重点を置いて見ておきましょう。

満月　A＝改善、処置

新月に計画したことの結果が出る時期。満月には、ここまでできたことを振り返り、棚卸をします。できたことを中心に見ていくことになります。できなかったことは「完成・達成」を意味する満月にはあまりそぐわないものです。自分が成し遂げたことを中心に見ていきましょう。その上で、何を改善すべきかを考えていきます。

半月でのチェック内容を生かし、新月に立てた計画を修正しましょう。またウィッシュリストなども達成したものにチェックを入れ、新しいものを追加するなどの作業も同時に行います。

新月と満月に時間をしっかりと取って、半月はパッと見直す程度でも十分です。まずは、このサイクルを動かすことが大切です。

満ち欠け PDCA

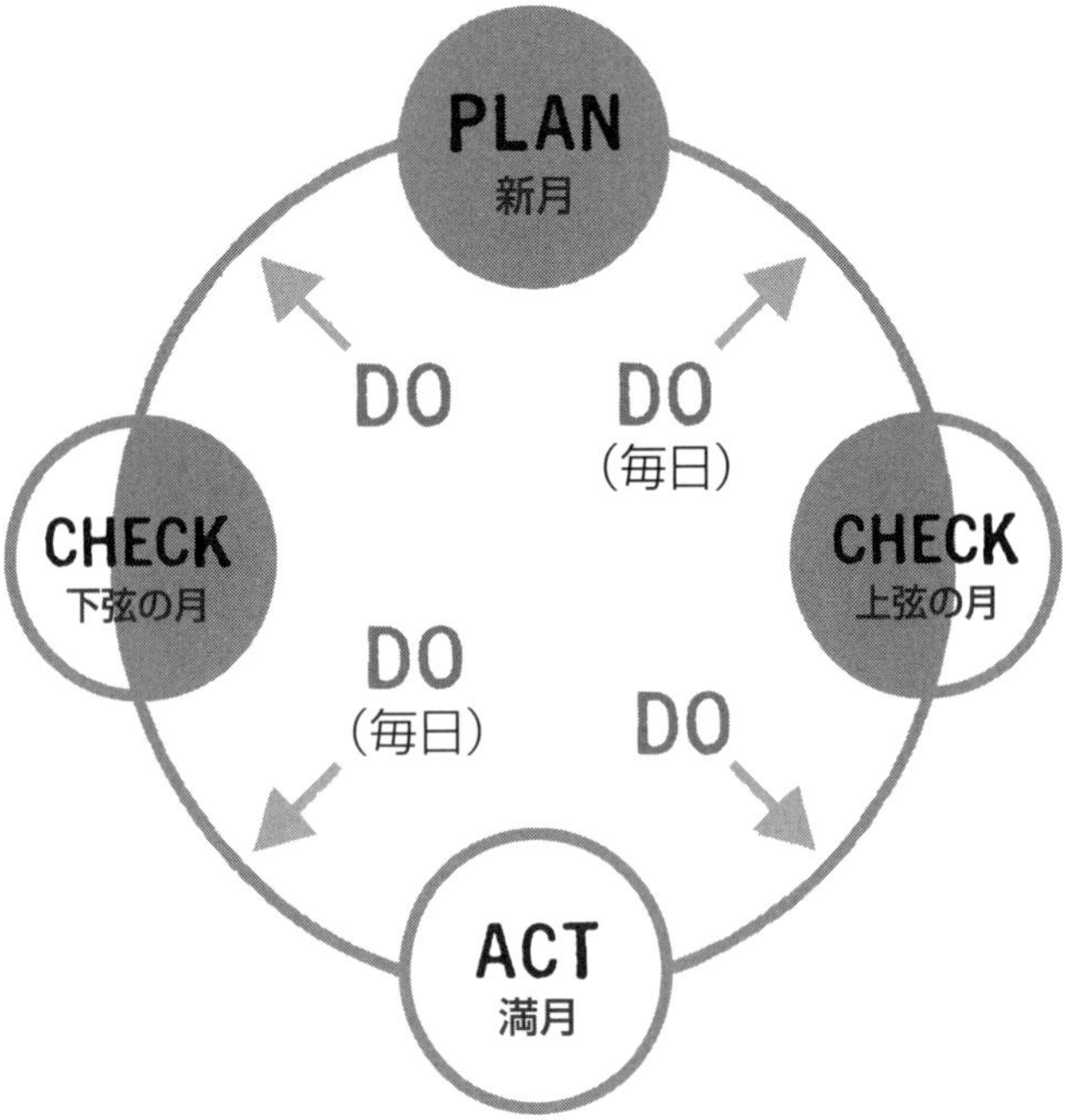
PLAN
新月
DO
DO
（毎日）
CHECK
下弦の月
CHECK
上弦の月
DO
（毎日）
DO
ACT
満月

「ひとり会議」の日程を月のリズムで先に決めてしまう

満ち欠けスケジューリングでは、予定を決めるときに満ち欠けを指針の一つにしますが、新月と満月のときには「ひとり会議」を行う時間を持つことをおすすめします。

1週間に一度は手帳タイムやひとり会議の時間を取るようにすすめている方も多いです。満ち欠けスケジューリング術の場合は、新月と満月の日に10～30分くらい、時間を取ってみましょう。

半月のときにも同じように向き合う時間が取れるといいのですが、それが難しい生活をしている場合は、半月のタイミングにはパッと手帳を開いて「新月に計画していたことがこのところ忙しくて全然できてないな」などの状況把握をしておくだけでも十分です。その分、次にくる新月や満月ではじっくり時間を取るのがおすすめ。

実行する内容と先送りが必要なことを精査し、申し送りを手帳の中でしておく作業は、ＰＤＣＡサイクルそのものです。

継続期間の長さよりも集中力の高さ

新月や満月は、こちらの都合にあわせて設定されていません。とんでもなく忙しいタイミングでも平然と決まったリズムでやってきます。新月と満月に必ず手帳を開く、見直す、書き直す時間を取るというのは、かなり無理やり時間をひねり出すような状況になることもあるでしょう。

実はその無理やりに捻出した10分間は、なんとなくヒマなときの10分間の何倍もの集中力を生み出します。

物事の成否を分けるのは、かけた時間の長さよりも、どれだけ集中して取り組めたかにかかっていることが多いです。

新月と満月に捻出した時間というのは、あなたの持つ集中力を何よりも強く引き出します。予定にあわせてスキマ時間を探すのではなく、無理にでも捻出することに、大きな意味があります。

高い集中力を発揮する時間を持つということは、まるで瞑想のように脳をクリアにします。１カ月に一度でも集中してこれからのことを書くというだけで、得られるものは非常に大きいです。

新月と満月の両方にそういう時間が取れるとベストですが、難しい場合はどちらかだけにするか、スタートに当たる新月がおすすめです。

集中して作られたものはやはり完成度が非常に高いのです。完成度の高い計画があれば物事は当然うまく進みますし、精度の高い振り返りができればよりよい改善ができます。

この無理やりひねり出した短い時間は、一発逆転的なボーナスタイムでもあるのです。

これを見逃す手はありません。

満ち欠けスケジューリング術その③

満ち欠けのタイミングを逃さずに、
変更や調整をこまめにしよう。
夢は大きく、目標は小さく、見直しはこまめに。

新月の時刻・満月の時刻

意外に意識されていないのですが、新月や満月はほんの一瞬の出来事です。月は楕円形軌道の上を動いている天体ですので、止まることがありません。新月のタイミングは1分前には月がほんのわずか残っている状態ですし、1分後にはほんのわずか細い月が出ているということです。満月はその逆になります。

新月時刻や満月時刻は、夜とは限りません。真昼に新月時刻・満月時刻を迎えることはよくあります。この正確な時刻は国立天文台などが発表しています。

実際に「満月の日」というものは、満月を迎えるタイミングがどこかにある日にちのことで、深夜23時に満月になるときもあれば、昼の12時に満月になることもあります。より正確に満ち欠けPDCAをしたい、という場合は、この時刻も一つの手がかりになります。厳密に時間を区切るのは、それだけ集中力を発揮することにもつながります。

新月時刻・満月時刻に近いほど、節目のタイミングです。ですが、それが深夜や手が空かないタイミングのときもあります。そういうときは、その時刻を挟んで前後24時間、合計48時間ほどは新月タイム、満月タイムと考えても大丈夫。

満ち欠けスケジューリング術は占いやおまじないではないのですが、実のところ、そういう感覚を無視しているわけでもありません。

人間にとって、このおまじない感覚というのは、非常に強い力を持っています。端的に、やる気と行動力が上がるのです。

願いごとというオブラートに包むと急に強欲になる

やる気というのは大抵下心でできています。

キラキラした夢、気高い精神などが持ち上げられますが、やる気とは、「もっと簡単に楽に気分よくなりたい」「他人からちやほやされたい」「欲しいものを苦しまずに手に入れたい」というような、怠惰のかたまりであることが多いです。

新月の願いごとというムーブメントもずいぶん長いことあります。新月に願いを箇条書きするると叶いやすくなるというものです（自分の考えていることの棚卸作業にぴったりなのでとてもおすすめです）。ここから満ち欠けに興味を持ったという人も多いです。

願いを叶えるという言葉には強い吸引力があります。願いを叶える手帳、服装、パワースポット、などなど。そのように提案されると、上から下までそれを実行してしまう人もけして少なくありません。それがどんなに突拍子もないことでも、やってしまうのです。

つまり言い換えると、ものすごい行動力につながっているのです。

おまじないや願掛けなどには、やる気と行動にドライブをかける効果があります。自分を動かしていくことに手段を選ぶ必要などはないのです。占いだろうが、おまじないだろうが、自分を動かすキーはなるべくたくさん持っていることのほうが重要です。

実際、現代でも大きな会社がプロジェクトの成功を祈って神社でお祓いをしてもらったり、お寺でお焚き上げをすることなどは、一般的なイベントとして受け止められています。意外に身近な行為なのです。

人は自分をよく見せようと、いつもは表面を取り繕っています。

それを全部はがして、自分の心の奥底、つまり無意識の中に飛び込んでいくための鍵が、この強欲さの中にあるのです。強欲というと言葉の印象が悪いかもしれませんが、それは素直さということでもあります。

願いごとは、自分についている嘘を取り払うための、大切な鍵なのです。

運とはなんだろう?

もう一つ、満ち欠けの手帳術というと必ず出てくるのが「開運するにはどうしたらいいですか?」という質問です。反射的にそういうことを求めてしまう場合、「自分にとって開運ってどういう状態なのだろうか?」と、一度じっくりと考えてみる必要がありそうです。

運の良しあしということをちょっと詳しく分析していくと、大きく分けて二つの見方があります。

自分以外の大いなるもの（＝神様、精霊、宇宙などいろんな呼び方があります）の力を得ることで自分の持っている以上の力を発揮する、という考え方。

もう一つは、タイミングのよさや条件がそろうこと。必要なときに必要なものを持っている、必要な行動をした、ということも運のよさと言われるものです。

いつもより遅く出かけたせいで大事故にあわずにすんだとか、たまたま準備していたレポートを権威者が見て栄転したとか、めったにないチャンスを生かせたことも、運がいいと言われます。

スケジューリング術は、後者の運であるタイミングのよさをなるべくコントロールできるようにしようとするものでもあります。ラッキーをつかむことはちょっと難しくても、不運を避けることには非常に力を発揮します。忘れ物をしないとか、時間どおりに課題を進めるということです。

運とは、生まれた場所、環境、本人の資質など、様々な条件がそろうことが重要視されています。どれだけよい条件がそろうかが重要なのです。

逆に、不運を避けるには条件をそろえないようにするということでもあります。例えば消防法などは「燃えやすいものは置かない」「すぐに消火できる構造にする」などを法律で定めて火事を起こす条件を減らすためのものです。これもある意味、火災という不運を遠ざけるためのやり方です。

このように、運というものはある程度コントロールが可能です。

それには、絶対条件として、行動が伴う必要があります。

よい状態に持っていくように変化させるには、必ず行動が必要です。頭の中で考え、祈っているだけでは変化は起きません。現世において、行動は祈りに勝るのです。

でもその行動は、特別大きなものでなくても十分効果があります。大きな変化は小さな変化で作られるのですから、大いなるものの力がなかったとしても、小さな行動で十分なのです。

科学が発達したことは自然の悪い影響から逃れるために必要なこと

月の満ち欠けをスケジューリングに取り入れるということは、そういうちょっとおまじないめいた神秘的な雰囲気がありますし、それを好んでいる人が多いです。

しかもそれを自分を動かすためのスイッチとして取り入れていくのは、想像以上に効果があります。

でも一度気にし始めると、すべてを満ち欠けに沿って行動しないといけないような強迫観念にとらわれてしまうことも、往々にして起こりがちです。

もちろん、月の影響力は大きなものがあると思います。影響がないというほうが変な話で、重力や引力があるのと同じことです。

でも、満ち欠けスケジューリング術は、満ち欠けそのものに力があるというのではなく、自分の力を引き出すためにリズムとして取り入れていくというのが、基本的な考えです。

なので、この日にこれを絶対しないとダメ、というものは基本的にありません。多くの人は満月がいつかなんて気にしていませんし、それで今までも問題なく生きてきたはずです。

どの日にやっても、やっただけの効果や成果があります。

ただ、私たちはぼんやりと生きてしまっているので、何らかの始まりのきっかけが欲しいのです。そのきっかけとして、満ち欠けをうまく取り込んでいこうというのが満ち欠けスケジューリング術です。

大いなる自然の力は、科学技術の発達した現代でも消えてなくなったわけではありません。いまだに我々は大きな自然の脅威から逃れられません。

そこを無視するのではなく、盲従するのでもなく、あるものはすべて自分の役に立つように使っていくという総力戦が展開できるかどうか。人生を変えていく、というのは、そういうところから始まっていると思います。

満ち欠けスケジューリング術その④

おまじないゴコロを大切に。
自分が持っている以上の力を引き出してくれる。
大人になるほど忘れがちな素直な気持ちと、
大人だからこそ身に付けた理性や社会性の
両方を大切にしよう。

第2章
時間と手帳の話
手帳術をもう一度考え直そう

満ち欠けスケジューリング術の基本を見てきて、じゃあ手帳に落とし込もう！　という段階に入るのですが、この手帳というアイテム、実はとてもクセモノです。

一時期「書くだけで夢が叶う」「手帳に夢を書き込むと人生が変わる」という強いキャッチフレーズの本がたくさん本屋さんに並んでいました。今でも大変人気のあるテーマです。でも、その言葉に心躍らせて始めてみたけれど、いまひとつ手ごたえを感じられない人もかなりいる様子です。それには、いくつかの理由があります。

手帳術やスケジューリング術に興味を持つ人の多くは、手帳が持つ魔術的な力に憧れを感じたり、大きな期待を寄せていることも多いかと思いますが、その力はどのようなものなのかを、一度、整理していきたいと思います。

1　スケジュール帳は時間の地図

手帳の使い方は、それほどバリエーションはありません。どれほど変わった形をしていても、手帳（スケジュール帳）の機能は同じだからです（ものすごく変なレイアウトの手帳であるムーンプランナーを作っていたからこそ余計そう思います）。

手帳（＝スケジュール帳）は**時間の地図**です。

時間という目に見えないものを平面に落とし込んで、距離感や容量を可視化した、地図のようなものなのです。

地図にも世界地図や日本地図、あるいは駅前だけの地図など、いろんな縮尺があります。同じように手帳も、1年間が見渡せるものから、マンスリー、ウイークリー、24時間軸のバーチカルタイプなど、様々な時間の縮尺のパターンがあります。

ここで私たちが手帳で知りたいことは、

時間の距離感（長さ、あとどのくらいかかるか）

と

容量（どんなことができるか）

なのです。

なので、使い方にあわせた正しい縮尺の手帳が必要になります。1カ月を俯瞰したいときに24時間の目盛りの入ったバーチカルタイプのウイークリーページを見ても、来週の予定は見えません。

まずは自分のやりたいことに対して適切な縮尺の地図を選ぶことです。

そうすることで、時間の距離感を適切につかむことができるようになります。時間の距離感をつかむことは予定を立てる上でもっとも重要なポイントになります。

「あと3日ある」「来週に予定が多いから、今のうちにこれをやっておこう」など距離感

＝そこまでの時間のリミットがわかると、今やるべきこともより明確になってきます。

うまくいくスケジューリングとは、同じスケジュールを縮尺を変えて見てみるというのが、コツになります。マンスリーで見てみる、1年間の流れの中で見てみる、などの視点をたまに挟むと、全体の流れがはっきりと見えるようになるからです。

満ち欠けリズムは約2週間が一つの単位になります。長さで言うと、ウイークリーとマンスリーの中間サイズの縮尺です。これで見てみると、ウイークリーでは入り切らなかった予定や、できたことも一目で把握でき、マンスリーで把握するよりも短いので「集中力が保てる範囲内で収める」ということができます（第1章参照）。

満ち欠けスケジューリング術の枠組みは、この満ち欠けリズムの縮尺の〝時間の地図〟があるととても見やすくなり、進めやすくなります。

ただ、距離感だけではうまくいきません。時間には容量という尺度もあります。

同じ1時間でも、簡単な折り紙を折る作業なら100個できるけど、手編みのセーターは優秀な職人でもない限り1着を編み上げることはなかなかできません。

同じ時間であっても、できることはそれぞれです。

それを把握するのに必要なのが、予定を書き込むこと。

時間の地図に予定を書き込むと、そこには地形が見えてきます。

急坂ばかりの難所なのか、ゆるやかな道なのかで進み具合はまったく違うでしょう。

それを時間の縮尺で把握した距離感とあわせて、どんなことができるかという時間の容量を把握しながら、予定を立てていきます。

手帳の機能とは、時間の距離感と容量を把握すること、この二つだけなのです。

あとは手帳が教えてくれた時間に何を入れていくのか、どんなふうに何ができるのかは、手帳にではなく、自分自身に尋ねていくことになります。

手帳をきれいに整えるとすっきりするのは、結局自分の中を整理することだからです。

2　プランとスケジュールの違いと構造を理解する

プランとスケジュール。

日本語ではどちらも計画や予定という意味でひとくくりにされていますが、これは厳密には違う事柄を表しています。

プランとは……………目標、大きな課題
スケジュールとは……プランを実行するための時間に沿った実行計画

まずはプランがあって、それをベースにスケジュールが作られるという構造なのです。

プランというものの中に、スケジュールというものが入っているイメージです。

例えば、月面着陸計画はプランですが、何日に打ち上げをする、宇宙飛行士の訓練はいつまでに完了させる、ロケットの完成はいつ、などという実行に必要な時間に沿った計画はスケジュール。

もうちょっと小さな例で言うと、ビジネスプランというのは「どのようなビジネスをどういうふうに展開するか」という意味で使われますが、ビジネススケジュールという言葉はほとんど使われません。

つまり、プランには明確な時間設定がなく、スケジュールでプランを実行するために時間を加味して実行計画を立てるということになります。

プランでは、時間の締切りの優先順位がそれほど高くありません。

しかしスケジュールは時間の締切りがとても大きな役割を持っていて、それにあわせてやることを常に変更していくことになります。この調整・変更作業が、スケジューリングです。

時間というものは、常に限られた量しかありません。見えないので、無尽蔵にあるように感じてしまうのですが、そのほかの物質のように絶対的な量が決まっています。それを寿命と呼ぶこともありますし、もっと短く締め切りと呼ぶこともありますが、とにかく時間というものは絶対量が最初から決まっているものなのです。

それをどう配分していくのか、というのが、手帳を使う上でとても重要なテーマです。

うまくいかないときの自分の手帳を見直してみると、いつもスケジューリングしか考えていない（＝大きなプランを考えず目の前のやることだけを時間をやりくりして詰め込む）とか、いつもプランしか考えていない（＝実行時間を考えないで書き出している）など、自分の傾向が見えるかもしれません。

3　目標はピラミッド型の階層構造になっている

さて、プランがあってこそのスケジュールという構造がわかったところで、次は大事な柱に当たる「目標の構造」について見ていきましょう。

目標の構造がわかると、優先順位をつける作業が格段に楽になります。時間という絶対量が決まったものを生かすには、この優先順位をつけるという作業がどうしても外せません。

目標というと、いろんな分野でバラバラにたくさんの目標を持っている人は多いと思います。健康面ではこういうことに気を付けて、人間関係ではこうありたい、仕事ではこう、家庭では、趣味のことでは、服装やオシャレについて、家事について、……などなど書き出すときりがないでしょう。

目標は、たくさんあっていいのです。

一つに絞る必要は、まったくありません。

なぜなら、そのたくさんの目標はすべてが一つにつながっているからです。

例えば「朝6時半に起きる」という目標は、一体何のためでしょうか？

「電車に乗り遅れないためです」

では、なんでその電車に乗るのですか？

「始業時間に間に合わせるためです」

どうして始業時間に間に合うように電車に乗るのですか？

「上司からの評価を下げたくないし、職場に迷惑をあまりかけたくないからです」

なぜそう思うのですか？

「今の職場で認められて、よりよい待遇で働きたいから」

「ペナルティなどで給料を下げられたくないから」

こんなふうに目標は
・下位目標
・中位目標
・上位目標
の、階層構造で一つにつながっています。

目標のピラミッド構造

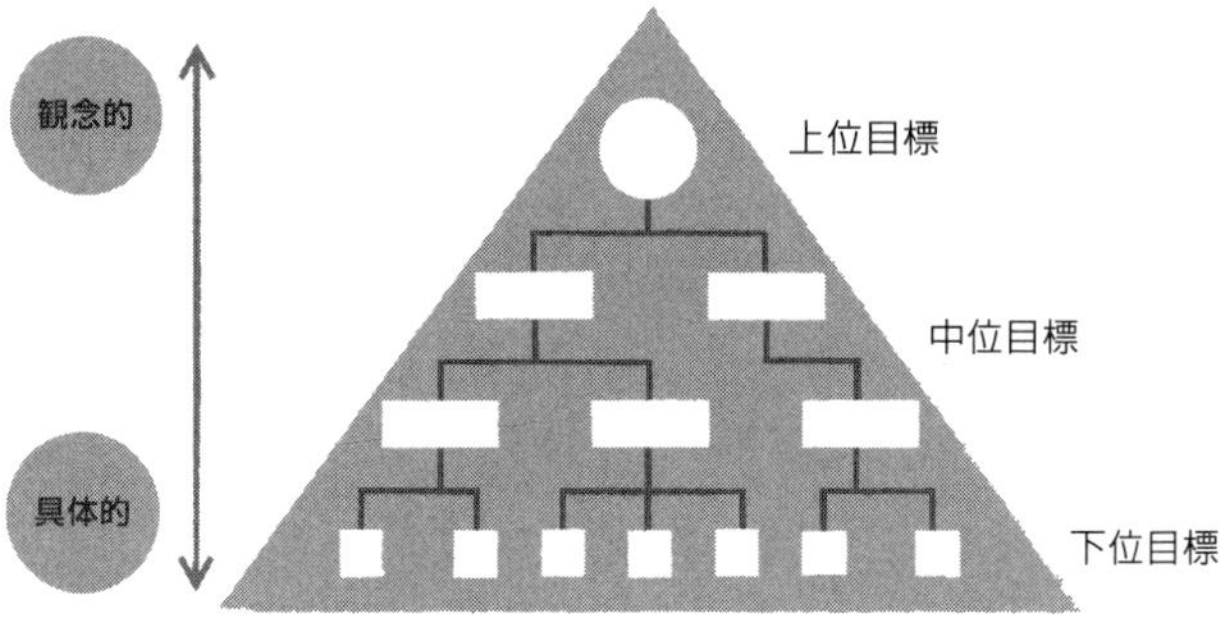

朝6時半に起きる理由をたどっていくと、その先には「よりよい待遇で働きたい」「ペナルティを受けたくない」という目標があります。

そしてその目標は、その先に「安心して給料を得て、○○をやりたい」など、次の目標につながっています。

下位目標は、基本的に「行動」で占められます。そして数も多いです。

何時に何をする、どこに行く、などのＴＯＤＯがほとんどを占めます。非常に具体的なものばかりです。そしてやること自体は簡単なことが多いです。

逆に目標が上の階層になるほど精神的、観念的（頭の中だけに存在すること、イメージや考えが主体で具体性がないもの）になり、数も減っていきます。『豊かな暮らし』のような曖昧だけどビジョンが浮かぶキャッチコピーのようなものになっていきます。

一番下の下位目標は、非常に具体的で「6時に起きる」「4時にお迎えに行く」「スーパーで野菜と卵を買う」など、ＴＯＤＯで占められています。

数も多く、変更もよく起こります。

下位目標のほとんどが行動で占められるので、行動する時間が自動的に割り振られることになります。行動には時間と場所が絶対に必要です。

つまり、**下位目標は具体的なスケジュール内容**に当たるものになるのです。

人間が直接コントロールできる行動とは、この下位目標がほとんどです。

この下位目標を人生の目的である上位目標にうまくつなげていくのが、中位目標です。

複数の下位目標で、一つの中位目標を達成することが多いです。

体調を整えたいときは、睡眠・食事・運動などいくつもの面から働きかけますが、それと同じように仕事でも人間関係でもいくつもの行動で一つの目標を支えています。

なので、一見バラバラに見えるいくつもの目標も、その上の階層にスッとつながっています。

中位目標は「自分が何のためにそれをやっているのか」という直近の理由です。

上位目標のビジョン＝人生というプランを、ベストなスケジュールで運行するには、具体的な中位目標が司令塔になります。

中位目標自体も、何層かに分かれています。
下位目標⇓中位目標①⇓中位目標②⇓上位目標のように、階層になっているので、自分が目指しているものは何層目の目標なのかというアタリがつけられると頭の中で整理しやすくなりますし、無駄も省くことができます。

中位目標も上位目標に近づくほど、観念的になっていきます。

（例）
・まつ毛を濃く長くしたい↓具体的
・美人になりたい↓ちょっと観念的
・美しい生活を送りたい↓とても観念的

この目標はピラミッド型の階層構造になっているとわかると、たくさん目標が散らばっていた人はスッとまとまっていくと思います。

中位目標があると、下位目標のグループ化がしやすくなりますし、そうすると各グループで起きている重複も見つけやすくなります。

下位目標が多すぎるときは、その上にある中位・上位の目標を基準に取捨選択するという視点が有効になってきます。

やりたいことがありすぎて結局何も手が付けられなかった人は、自分の上位目標を知ることで、今やるべきことが見えるようにもなります。いくつかある中位目標も、最後には一番上にある上位目標につながっています。

「収入の心配をせず暮らしたい」という上位にある目標から「30代のうちに留学して専門知識をもっと高める」という中位目標を重要課題として選んで、留学資金と勉強時間を確保するためにほかのお稽古事を整理してやめるという取捨選択をすることで、人生のハンドルを大きく切るという流れを作り出すこともあるでしょう。

多くの人が中位目標をバラバラに持ってそれが人生の目標だと勘違いしていることが多いのですが、人生の大きな目標というのはたいてい一つです。

趣味の世界でがんばっていたことと、全然つながっていなかった家庭でのあり方が、上位目標で「楽しく知的好奇心に満ちた暮らしをしたい」という上位目標でつながっていたりします。それに気づくと、双方によりよい変化が起きてきます。

この目標のピラミッドがあると、時間という限られた資源の中でどう動くか、何をするかという取捨選択や優先順位付けがとてもしやすくなります。

ただなかなか一番上にある上位目標が言語化できないケースも多いです。なんとなくわかってはいるけど、言葉にできない状態です。

上位目標を把握するには、ある程度の経験が必要ですし、精神的な成長がないと見えないことも少なくありません。

上位目標は自分の人生のコンパス、哲学や魂と呼べるようなものです。

ですから、すぐに見つからないからといって、諦めたりしてはいけません。それは必ず存在しています。

上位目標は、人が成長するとはっきり見えたり、よくステージが上がったなどと表現されますが、何かを達成したり完成したときに、次の「こうありたい」という新しい姿が現れてきて、成長をする限り自分自身を引っ張っていくようにどんどん更新されていきます。どんな状況であっても、人の成長は止まることはありません。

この存在していても見えない上位目標を見つけ出すには、ちょっとしたコツがあります。そこには、**考え方のクセ＝思考の体質**が大きく関係してきます。

この思考のタイプ、体質は、手帳を使っていく上でもとても重要なポイントにもなってきます。ここを無視して手帳術を取り入れると、苦痛ばかりが多くて結果が出にくくなってしまいます。

次に、その自分の思考の体質と手帳術の相性について見ていきましょう。

4　トップダウン派とボトムアップ派の二大流派

世の中、たくさんの手帳術がありますが、それらは大きく2パターンに分けられます。

先ほどの「目標はピラミッド型の階層構造になっている」ということを前提に、上位の目標を示されると何をすべきかを考えやすいトップダウン派、逆に下位目標を潰していくことで中位、上位の目標にたどり着こうとするボトムアップ派の二つです。

どちらかというとトップダウン派のほうが数は多いようで、夢が叶う手帳術というのも「まず目標を！」というパターンが多いです。

何の制限もなければどんなふうに生きているかを自由に想像して！　というものが多く、ダイナミックでワクワクする感覚を大事にしようという提言がよく見られます。最初から上位や中位の目標にフォーカスするタイプです。

それに対して最近特に支持が集まっている手帳術が、ボトムアップ派。

アメリカで始まったＧＴＤというやるべきことを全部書き出して処理していく手法

（第1章参照）や、学習障害を持っていた人が開発した箇条書きをベースにしたバレットジャーナルなどがそれに当たります。現在やるべきことを整理していくことで大きな目標や課題をつかんでいくボトムアップ式で目標ピラミッドを構成していきます。

ふせんでタスクを管理するとか、やりたいことを100個書き出すとか、リスト化するなども、ボトムアップ式のやり方です。

こちらは下位目標を潰してその上にある中位・上位の目標にアクセスしていくタイプです。

自分がどちら派なのかをきっぱりと決めるのは難しいのですが、なんとなく「こっちのやり方のほうが楽」「肌にあう」というものはわかると思います。

この自分の傾向を無視してしまうと、いくら画期的な手帳術であっても効果が出にくいです。自分の持っている上位目標＝人生の目標やプランが見えにくくなります。

目標を楽しくイメージして、というのが苦手な人が精いっぱい書いた目標はとてもみすぼらしく見えますし、やるべきことを全部ふせんに書き出してというのが苦手な人は絶対に取りこぼしがあります。

トップダウン型思考タイプ

□夢や目標があると楽しくなり、思考がクリアになる
□直近の予定より、遠い未来の夢を思い描くほうが楽しい
□計画が実行され現実になると、最初ほどのワクワク感がない
□やることを指示されるより、立場を明確にされるほうがやりやすい

ボトムアップ型思考タイプ

□リストアップ作業が好き
□夢を書けと言われると、どこから手を付けていいかわからない
□予算や締切りなど、アウトラインがあるほうが作業しやすい
□立場や役割よりも、やることがはっきりしているほうが動きやすい

まずは、自分がトップダウン派なのかボトムアップ派なのかを理解するのが大切です。その上で、自分が取り入れようとしている手帳術はトップダウン式なのか、ボトムアップ式なのかをよく見直し、自分と相性がいいかを考える必要があります。

ところがこの見直し作業の難しい点は、実はトップダウン派がトップダウン式を、ボトムアップ派がボトムアップ式を取り入れたからうまくいく、というわけではないということです。

大事なのは、どんな方式であれ目標のピラミッド構造がムリなく適切につながっていることなのです。

トップダウンもボトムアップも、それぞれ短所があります。それぞれ会社として想像してみましょう。

トップダウン式は、口先ばかりうまい社長と実力の伴わない社員の会社です。大きな夢やビジョンはあるものの、人手も足りないし技術もついていかない、お客さんにはこんなことができると大げさに営業をしても実際の商品は非常に悪い。

逆にボトムアップ式は、よく働く社員がたくさんいるけれど、それぞれ連携が取れず、はっきりとした方針を打ち出さない社長の会社です。実際にはもっと大きな仕事ができるのに個々の小さな仕事の契約しか取れない。

それぞれ、トップダウン式では実行力の詰めが甘いですし、ボトムアップ式では俯瞰したビジョンや調整がおろそかになりやすいです。

つまり、トップダウン派ほどボトムアップ式を必要としているし、ボトムアップ派はトップダウン式の手法を取り入れなくてはいけないのです。

どちらのやり方が優れているか、ではなく、まず自分の体質にあっているかどうか？

そして、自分の体質のやり方の欠点を埋める手法を持ち合わせているかどうか？

この2点が重要になります。

自分がどちらの体質なのかを考えて、その上で自分の目標のピラミッドを両方の手法を取り入れて整理してみると、見えていなかった上位目標がはっきり見えやすくなります。

今までは、ただ話題になった手帳術や目についた本を読んで実行してみるというところが入り口で、プランとスケジュールの違いや、目標の構造などを考えたことがなかったかもしれないし、それに自分の体質（考え方のクセ）との相性があるなんて思ったこともなかったかもしれません。

でも、そういう視点があると知っただけでも、自分の手帳のつまずきがどこにあったか、わかってくると思います。

どの方法がいい、悪いではなく、目的はトップダウン派もボトムアップ派も等しく目標のピラミッド構造が、下位目標から上位目標までムリなく適切につながるよう調整できていること。それが、手帳を使って管理するべきことなのです（手帳を使っていない人も頭の中では同じように管理しています）。

その視点に気づけたら、今まで試してきたたくさんの手帳術もうまく使えるようになるでしょう。ここまで学んできたことはけして無駄にはなりません。

まずは自分のスタイルをよく思い出し、それからたくさんある目標や夢を整理していきましょう。

一つだけ重要なことは、この目標のピラミッドは、常に成長し続けるという点です。現時点でピタッと出来上がった目標のピラミッドも、極端な言い方をすれば翌日には少しだけあなた自身が成長しているので、その分だけ少しズレ始めています。

いつも絶対に完璧なものを作ろうとは思わず、自分が常に成長していることを忘れず、現時点のピラミッドとしてベストなものを更新していくのが大切な視点です。

同じように、手帳術もボトムアップ方式がしっくりくるときもあれば、トップダウン方式でバシッと決めたいときも出てきます。どちらかだけではなくて、どちらも自由に取り入れられることがとても大切なのです。

5　手帳の持つ落とし穴

手帳を熱心に使う人たちの間でよく言われるのが「あの手帳は挫折した」という言い回しです。主に、1年間使い続けられなかったとか、謳われている効果（仕事の効率が上がるとか、夢が叶うとか！）が得られなかったという意味で言われることが多いようなのですが……手帳を使うことで、むしろ挫折グセを育ててしまっている人もいるのです。

ここでは、手帳を使う上でどうしてもぶつかる落とし穴について、詳しく見ていきましょう。

失敗も可視化するのが手帳の力

手帳は、可視化ツールです。時間という見えないものを可視化するのが主な役目で、そこに何をするか（または何をしたか）を書き込んでいくのが主な使い方になります。

そのときに、確かにできたことが可視化されるのですが、逆を言うとできなかったことも可視化されてしまうのです。

そして恐ろしいことに、人間はどうしてもそろった部分よりも欠けた部分に注目してしまうという習性を持っています。たくさんできたことがあっても、わずか1カ所できていない場所がとびきり輝いて見えてしまうのです。ほかの成功を押し隠す勢いで、失敗だけが大きく見えてしまいます。

手帳の上で、やろうと思っていたことが少しできなかったとき、それが強烈な印象となってショックを与えてきます。

本来なら、できなかったことを把握して、ただ改善に生かせばいいだけなのですが、人間はそう心が強くないのです。

本当はできたことを可視化するつもりが、できなかったことを強烈に可視化するハメになり、失敗した・挫折をしたという印象だけが強烈に残ります。

手帳が悪かったのだと思って、新しい手帳に替えたり、評判のいい手帳に替えてみても、基本的な使い方は同じなので、やはりできなかったことがどの手帳でも使えば使うほど同じように可視化されることになります。

そして手帳を替えるたびに、挫折グセはどんどん強まっていくという仕組みです。

試行錯誤は挫折ではない

できなかったことが可視化されて突きつけられたショックは、とても厄介です。ショックを受けたことで疲れてしまい、その疲れが「何となく改善した感じ・努力した感じ」と脳内で勝手に変換されてしまって、結局何も変わっていないのに「変わったような気持ち」になってしまうことがとてもたくさんあります。

手帳を使うことで、できていないことが可視化される
↓ショックを受ける
↓ショックを受け止めることでエネルギーを使い果たし、行動を変える前に力尽きる
↓力尽きたことが何か努力したかのように感じてしまう
↓何も改善していないので、ショックを受けただけでまた最初の状態に戻る

という負のスパイラルです。

ここで忘れてはいけないのが、私たちは目標のピラミッドにおいて、実際にコントロールできるのはほとんど下位目標のみということです。

なので、手帳のデイリーページに書き込まれる具体的な行動は、ほぼ下位目標で占められていくことになります。

ところが、この下位目標は非常に変化を起こしやすい不安定なものです。本人の能力や努力に関係なく、予定どおりにいかないことがたくさんあります。

試行錯誤を行うことがむしろ前提としてあるようなものなのです。

中位・上位の目標に至るために、下位目標で様々なことを行いますが、それが確実に上の階層の目標につながっているかどうかはやってみないとわからないのです。

ベストと思われる下位目標を設定しても、状況が変わったり、やってみたら自分に向いていないとわかったということは頻発します。そうなったら、そのやり方はやめて違う方法を探す必要があります。

その「違う方法を探す」ところまでが下位目標の役割です。

つまり「うまくいかないときは別の方法を探す」という終了の仕方をするので、挫折という考えは基本的に存在しません。


けれども私たちは学校教育を受けていく中で先生や親から初志貫徹の大切さについて言い聞かされ育ってきました。

うまくいかないことが可視化されたときに、実際に「じゃあ違うやり方をやろう」とならずに強烈にショックを受けてしまうのは、この初志貫徹が素晴らしい、最初に決めたことは簡単に変えてはならない、という教育の成果ではないかと思います。もちろん、悪いほうに花開いた成果です。

一つのことが続かないと「集中力がない」とか、「落ち着きがない」と悪い評価を付けられる学校生活を過ごしてきた人のほうが多いです。うまくいかないときにやめるとか、一度違う方法を探すということは「悪いこと」とされている価値観の中で生きてしまっているのです。やめることはとても悪いことだという認識なので、状況がうまくいっていないのに、やめることもできない。どうにもならなくなってからやっと変化が出てくるという体験があるかもしれません。特に真面目な人ほど、抜け出せなくなってしまいます。

でも、私たちは子どもだったころからずっと成長を重ねてきています。自分の中で改善する方法も、どこで改めると効果的なのかも少しずつ理解し実行できるようになっています。だから、ショックを受けつつも、たくさんある下位目標を試行錯誤していくことは、けして挫折ではないということも経験を通してわかっていると思います。

実際この最初に決めた予定を状況にあわせて変えていく作業こそ、手帳を使って予定を組んでいくときに一番ボリュームのある作業になってきます。

手帳で挫折グセの負のスパイラルを起こしている人は、手帳そのものをうまく使うことや、「最初に決めたことを完璧に実行すること」自体は、そもそも目的ではないと思い出すことが第一です。変更はむしろよいことと認識することが大切です。

挫折グセがついていた人は、試行錯誤ができるようになるだけで今までの真面目さがプラスに働くので、急に物事がうまく進められるように感じる人も多いと思います。

「手段の目的化」の罠

できなかったことが可視化されてショックを受けたときにもう一つ起こりがちなことがあります。それは「手帳の空白にショックを受けないこと」が目的になって「とにかく手帳を埋めてしまおう！」となってしまうことです。

空白が埋まっていれば、可視化されないということです。本末転倒なのは言うまでもありませんが、ショックを避けたいがためにそういう手段に走ってしまうことは珍しくありません。

また手帳には、書き込む作業のストレスが多い状態ほど夢中になって書いてしまうという変わったクセもあります。難しいパズルほど燃えるのと同じ仕組みです。

手帳を埋めることに時間とエネルギーをつぎ込むことがむしろ楽しい、それが趣味であるという人は一定数います。それも昔からある定番の趣味で、ヨーロッパなどの貴婦人のコラージュされた古い手帳はアンティークとして人気も高く、そんなふうにある種の芸術作品として手帳と向き合う人たちもいます。現代ではたくさんイラストを描いたり、シールやスタンプでかわいらしく飾ることが楽しいという人も多いです。

それが趣味で、それが楽しいのならまったく問題はないのですが、そうではなくて「もっと生活が楽になると思っていたのに」「もっと仕事の効率が上がると思っていたのに」と不満を抱えながら、時間とエネルギーを手帳に費やして疲弊している人が、手帳を使いこなしたいと願っている人たちの中に一定数います。

これらはどちらも、本来の時間の地図という手帳の役割をすっかり忘れて、手帳に書き込むこと、つまり「手帳を作る」という**手段の目的化という罠**にはまってしまっています。

特に、自分の体質にあわないやり方、トップダウン派がボトムアップ式をやるというようなことをしていると、体質にあわないストレスがむしろ「正しい手帳の書き方を何としてでもマスターしようとしている！」という手ごたえになってしまって、本来の目的の「生活を楽にする」「夢を叶える」「仕事の効率を上げる」などは気がつくと二の次になってしまっていることがあります。

本来必要な活動に向けるエネルギーが漏れている状態です。がんばっているという手ごたえがある分、このストレスは性質《たち》が悪いです。

変えるべきは自分の生活や行動なのに、相変わらず手帳を書くことだけに意識が向いてしまい、「手帳ばかり書いていて問題は何も改善していない」状態になってしまいます。

できるだけ自分の体質にあった使いやすい手帳術が大切なのは、手帳を作るエネルギーはなるべく抑えるほうがよいという視点からです。手帳作りより、やるべき活動にエネルギーを使うために、です。

手帳はいつも補助のための道具です。見えない時間というものを可視化する地図のようなものです。よい旅をすることが目的であり、立派な地図を作ることが目的ではないのです。

また手帳さえ使いこなせれば人生がうまくいくというものでもありません。手帳など使わなくてもいい人生を過ごしている人はたくさんいます。

大切なのは手帳を使いこなすことではなく、どんな方法であれ自分の時間とやることを適切に管理するということです。

でもそれには手帳はとても有能で強力なツールなので、たまに手帳が使う人を乗っ取ってしまうようなことさえ起きています。

そのくらい力のあるツールなのだということです。だから、うまく使えるようになれば、とても強い味方になってくれるはずです。

ここまでプランとスケジュールの違いや、目標の構造、手帳の持つ力について見てきましたが、次からは満ち欠けのリズムも応用して、より深く考えていきましょう。

第3章

目標をもっと精密に立てていく

コンフリクト（心理的矛盾）のない目標を設定する

時間と手帳について整理してから、満ち欠けリズムを使ったスケジューリング術の応用編に入っていきましょう。まずは、ある意味もっとも重要な「目標設定」についてです。

スケジューリングとは、基本的に何かの目標や目的を達成するために行われています。

つまり最初にある目標が誤っていると、どれほどいいスケジューリング術であっても、まったく役には立ちません。それほど、目標の設定というのが重要なのです。

ところが、多くの人は目標の立て方を間違えています。なんとなく誤った目標を立てて、それに向かって努力するというエネルギーの無駄遣いをしている人も少なくありません。

時間と同じく、人間のエネルギーには限界があります。無尽蔵ではないのです。

この章では、満ちていく期間・欠けていく期間にあわせて物事を二つの面から捉えるという満ち欠けスケジューリング術を応用して、より正確な目標の立て方について考えていきます。

1　その目標の真意はどこにある？

多くの人は、最初に目標を立てるときに誤って立てています。

どんなに優秀な人でも、成功している人でも、最初に思いついた目標は間違っていることがとても多いのです。


目標の裏側には、目的があります。**真の目的**があるのです。

「夏までに痩せる」という目標の真の目的は何でしょうか？

ちやほやされたいから？

健康になって不調を取り除きたいから？

ゆるんだ身体で薄着になるのが恥ずかしい？

それとも、あの友達にバカにされたくないから……？

痩せるという目標は多くの人が持っていますが、その裏にある真の目的は人それぞれです。

世の中にはたくさんのハウツーがありますが、あなた自身が心に強く持っている真の目的について教えてくれることはありません。それはあなたの中にしかないし、あなた自身にしかそれはわからないからです（他人のほうがよく見えることもありますが、本人が自覚しない限りあまり意味はありません）。

この真の目的、最初に立てた目標の裏側にある真意をはっきりとつかんでいることが、目標設定に非常に重要な意味を持ちます。

目標の裏側にある真の目的は、人によって様々です。

子どものように些細なことに執着していることも少なくありません。幼稚だとわかっているからこそ、人は隠そうとしてしまうのです。

なので、表面的に見栄えのいい（けれどあまり達成する気もない）目標を立てて、そのために努力を重ねてしまうことがたびたび起きています。

この誤った目標設定を避け、真の目的のために役に立つ適切な目標を立てる必要があるのです。

誤った目標は、心理的矛盾（コンフリクト）をより大きくします。

コンフリクトとは、心の中の矛盾から生じる対立や衝突を意味しています。自分と他者との衝突ではなく、自分の中の考えやあり方などが、衝突を起こしてしまうことです。

例えば、本当はきれいになりたいと思いながら、「私って太っていてブスだから」と自ら宣言してお笑いキャラを演じてしまうような、矛盾した行動を取ってしまうこと。それにより、自分自身への信頼感をなくし、周囲にも「大事にされていない」「いつも馬鹿にされている」という印象を持つようになって、問題をより大きくしてしまうような事態です。

それにある日耐えられなくなって、過食などの摂食障害や抑うつ状態に陥るような、強大なストレスに変化していくこともあります。

この場合のコンフリクトは、きれいな自分になりたい・きれいでありたいという思いと、周りからの反応や人気を得ることが絡み合ってしまっています。

「太ってブス」と自称すること（ネタにして笑いを取るという手段）で人からの反応をもらうことと、本当はきれいでありたいと思う二つの事柄が対立しています。

このコンフリクトは、なかなか表に出てきません。人の心の中でじっくりと成長して、気がついたときには手遅れということがよくあります。常に衝突が心の中で起きているので、とても疲れます。簡単なことでも、大変なエネルギーを浪費してしまうのです。

コンフリクト（矛盾）の大きな誤った目標設定をしてしまうこと、それに向かって努力してしまうことは非常に大きな損失なのです。

「目標を立てても続かない」という人のうち、半分くらいはこの目標設定の時点で間違ってしまっている可能性が高いです。

特に常識と言われていることには注意が必要です。ろくに観察もせず、考えもせずにそうするのが正しいことだと思い込んで目標にしてしまうことはとても多いです。

やる必要もない外国語を身に付けようとしたり、別に着たくもない女性らしい服装をがんばってしてみたりという、特に「それができると人生で得をする」と世の中で言われていることなどは、要注意です。

女性なら女らしい服装のほうが周りからチヤホヤされて得をするとどれほど言われても、その格好をするのがとても大変だと思うのなら、自分にとって得をすることに当てはまるでしょうか？　一度よく考える必要があります。

最初に立てた目標の裏側にある真の目的はなんなのか？

限りある自分のエネルギー（体力や精神力）を一番費やしたいことは、なんなのか？

これを把握していないと、目標を立てても意味はありません。


ただ、多くの人は真の目的について最初から把握することはできません。

最初は仮説でしかないのです。

どれほど優秀な人でも、仮説を立てて実行してみないと、真の目的の手ごたえをつかむのは難しいでしょう。なので、最初はみんな誤った目標を設定してしまうものなのです。


その誤った目標＝仮説を検証して、真の目的に沿ったコンフリクトのない目標に修正していくステップが必ず発生します。

つまり、物事をうまく進められる人というのは、この仮説から導き出した目標をすぐに実行して修正をかけ、正しい目標に設定し直して、非常に少ない努力で多くの結果を得る才能に長けているということです。

そのときに、裏側にある「真の目的」が大きな指針になります。

人は、はっきりと言語化できていなくても、その裏の真意、真の目的はちゃんとわかっています。無意識下に厳然と存在しているのです。

ただ、無意識下で言語化されていないと、はっきりとつかむのは難しいです。そのため、目の前にあるキャッチーな目標や、他人ががんばっていることなどを自分の課題のように勘違いして取り組んでしまうこともたくさんあります。

そういう自分の真意とは違う目標は、非常に疲れます。

心理的矛盾＝コンフリクトがある状態の目標は、エネルギー漏れを常に起こしています。それさえなければ、いつもの半分の力で結果が出てしまうこともあるくらい、消耗してしまうのです。

現実社会で生きていると、コンフリクトのない状態でいるというのは正直難しいです。あちらを立てればこちらが立たず、という中で生きている人のほうが多いと思います。でも、完全になくすことは難しくても、コンフリクトを小さくすることは可能です。

そのためには、常に自分の真意、目標の裏にある真の目的を自分でわかっていることがとても重要です。

では、その簡単に見抜けない裏の目的を知るためには、どうしたらいいのでしょうか？

一つは、実際にやってみて、確かめること。つまり、仮説を検証していくという手法です。これは常に試行錯誤していかないとなりません。ＰＤＣＡもこの仮説の検証が主な目的です。やれば違和感が出て、本当に求めているものがわかってくる王道パターンです。

もう一つ、より正しい目標を立てるために、目標自体を表と裏の二つの面から分析して探っていく方法があります。

次は、この表と裏の二つの面から見ていく分析方法を説明しましょう。

2 「なんでも質量保存の法則」

質量保存の法則というものがあります。すべてのものの量は決まっていて、形を変えても総量は変わらないというものですね。水が蒸発して水としての量が減っても、水蒸気という形のものをあわせると水分の量は同じである、みたいなことを教科書で学んだと思います。

それと同じく、時間にも質量保存の法則がある、という視点で物事を見てみましょう。

何かを始めたら、何かをやめることになります。
テレビを見ていたら、その間はテレビを見ること以外のことはできません。
うれしい気持ちでいっぱいのときは悲しい気持ちはありません。
ストレスがある状態ではリラックスした状態はないでしょう。

実際にはもう少し複雑かと思いますが、なるべくシンプルに、すべてをシングルタスクで考えてみましょう。何かをしているときは、何かができないのです。

表から見ると、何かをやめる行動ですが、裏から見るとやめたことで増えることが必ずあります。

この視点を持つと、行動の矛盾を減らすことができます。

特に心の状態と時間の過ごし方について考えてみるとわかりやすいと思います。

嫌なことを減らしたいのなら、うれしいことを増やす。

イライラしたくないなら、イライラを発生させるものを遠ざけニコニコしてしまうものを取り入れる。

何か一つの事象は、一つの事柄で起きているわけではありません。

きれいになりたいと思っているなら、「きれい」の反対はなんだろう？　と考えてみましょう。

「醜いこと」
「下品で不快なこと」
「不潔なこと」

いろんなことが思い浮かぶと思いますが、一番ピンとくる「きれいでないこと」を思い浮かべてみましょう。この考えることがとても大切なのです。

科学的、論理的に正しいかどうかで見ると、本質にたどり着けないことがよくあります。自分の心の中、頭の中は、常に論理的ではありません。だからこそ、コンフリクトが起きているのです。なので、科学的、論理的かどうかにとらわれずに考えてみることが大切です。

突拍子もない質量保存の法則がいくつも出てくるかもしれません。

それがあなた自身にとっての質量保存の法則なら、そこに問題解決の糸口があります。

何かが欲しいということは、何かがいらないのです。

かわいいインテリアが欲しいのなら、殺風景で寒々しい空間がいらないということです。

ダラダラ過ごす時間がいらないというなら、エキサイティングで楽しい時間が欲しいということです。

必ず表と裏、二つの面から見てみましょう。裏側にあるものは、なんでも質量保存の法則に従ってそこに存在しています。

ちょっと複雑になってしまっているケースもありますが、まず目に付いたものを一つ、このなんでも質量保存の法則に当てはめて見ていきましょう。

部屋を片づけたいのは、何が欲しくて何がいらないから？

試験の勉強をしているのは、何が欲しくて何がいらないから？

コンフリクト状態になっている場合は、二つ以上の事柄が絡み合っていることがよくあります。最初の例にあったきれいでありたいということと、周りの人を楽しませたいということは、それぞれ別の軸で考えるべきことなのです。

そうすると、きれいであることと周りの人を楽しませることが両立できます。自分の外見を卑下しながら笑いを取るという手段ではなく、きれいさを追求することと人を楽しませること、別軸で考えるだけでいいのです。

必ず、一つずつ、片面から考えていきましょう。きれいでありたいということは、どういうふうにはなりたくない？　他人を楽しませたいのは、何がいらない（欲しくない）から？

立派な答えはあとで考えればいいので、5歳の子どもに戻ったくらいの思考力で、ちょっとバカみたいと思うくらいシンプルに、遠慮なく自分自身に答えてあげてください。
それが、絡まった軸をほぐし、シンプルに戻してくれます。

反対側が思いつかないときは思考が固まっている

じゃあ考えてみよう、と思っても、うまくいかないケースがあります。
簡単に思いつくものと、どうしても思いつかないものが出てくるときもあります。
そんなときの考え方の指針があります。

大きく二つのパターンがあると思います。

①手に入れたいものはわかるけど、いらないものがよくわからない
②いらないものははっきりしているのに、欲しいものがわからない

まずは、自分がつまずいているのはどちらのパターンなのか、見てみましょう。

欲しいものはわかるけど、いらないものがよくわからない①のケースは「与えられた目標」であることが多いようです。

理想像はあるけど、それがどういうことかは理解していない。自分の生活が与えられた目標のとおりになればOKだと思っているが、具体的にリアルな想像はできていない。そういう中途半端な状態にあることが多いです。

「優しい人になりなさい」「大人は計画的に物事を進めるべき」など、こうあるべきという与えられた姿はあるけれど、それに対して自分の考えを持っていないことが多いです。つまり、理想像に支配されている状態です。そこに自分の意思はなく、奴隷のように誰かから与えられた理想像に従っている状態です。

それさえ手に入れればいいということしかわからない、現状が見えていない状態ともいえます。なので、もう少しリアルな情報をリサーチしていく必要があるでしょう。

いろいろと調べ直していくうちに、最初に掲げていた目標は自分が望んでいたものとはちょっと違うのではないか？　ということにたどり着くことも多いようです。目標自体を修正できるまで学び、情報を集めることができたら、そのときにはそこに自分の意思が必ず存在しているはずです。

逆に、いらないものはわかるけど、欲しいものがわからない状態という②のパターンもよくあります。これは「ハウツー好き」に起こりがちなことです。

お片づけ、ダイエット、家計簿作りなど、ハウツーに非常に興味があり、ある意味勉強熱心なのですが、とにかく方法にしか興味がありません。なので、それによってどうなりたいのか、ということにはあまり意識がないのです。

どのようにやるのか（HOW）という部分にのみ意識があって、どうなる・どうあるのか（BE）という部分が抜け落ちてしまっている状態です。

最初は「こうなりたいから」という理由があったはずですが、それをすっかり忘れてハウツー＝手段にのみに意識が向いた、手段の目的化が起きていることがよくあります。

この場合は、ハウツー技術を身に付けたいということがすでに目的となっている状態です。これは知的好奇心の表れなので、それ自体が悪いということではありません。そこではなく、ちゃんと目的を把握しておくということが重要なのです。ただハウツーを身に付けたい場合は、それほど悩まずに楽しんでいるからです。

まず、そもそも自分が悩んでいるかどうかを確かめましょう。悩んでいないのなら、問題はそこにはありません。好きなだけ好きなことをしたらいいのです。

でも悩んでいるのなら、ハウツーに頼りすぎて目的を見失っていないか思い出してみましょう。「なんのために悩んでいたのか」を思い出すのです。

大切なことは、自分の頭で考えるということです。

誰かから正解を教えてもらうことは、できないのです。

正しいか間違っているかではなくて、よく考えること。これが、すべてを導きます。

満ち欠けにのせるためのコツ

このなんでも質量保存の法則でよく考えていくと、自分が何を望んでいて、何をしようとしていたのかが、くっきりと見えてきます。

最初に立てた目標の裏にある目的、自分の真意もよりはっきりと見えてくるでしょう。すぐに真意がわからないという場合も、やりたいことの裏側をなんでも質量保存の法則で見てみると、だんだんと気づくことができます。

目指しているものに対して、現時点で何を足して何を減らしたいのかがはっきりとしてきたら、一度それをスケジュールにのせて実行してみましょう。

コツは、足すことと減らすことのどちらかのみをやるのではなくて、両方をやるということです。


満ちていく期間は、増やすこと。欠けていく期間は、減らすこと。

まずこの満ち欠けスケジューリング術の基本視点から考えてみましょう。


ダイエットをするときは、食べる量を減らすことで脂肪を減らし、運動を増やすことで身体を引締める筋肉を増やしていきます。片づけをするときは、使わないものを減らしてすっきりした空間を増やします。

「今の生活」に何を足して、何を引いていったら自分の理想とする形になるのかを考えていきます。


満ちていく時期は、欲しいものも、欲しくないものも増えていく時期とされます。

なので、ストレスを減らしたい！　と思っている人はストレスの原因をなるべく避けるように努めないとストレス源が増えていくようなイメージの時期です。もちろんいいことも増えるので、増やしたいリラックスの素は多めに投入していくことになりそうです。

欠けていく時期は、不要なものが減っていきますが、欲しいものも増えません。そうなると、嫌なものはこの時期に全部対処することにして、どんどんと問題を減らしていきたいですし、リラックスの素はあまり増えないので意識して補充が必要です。

今の生活に何を増やしたいのか、何を減らしたいのかの両方を把握しておく必要があるというのは、どんなときもその両面からアプローチする必要があるからです。

何かを増やし、何かを減らすサイクルは、相互作用を起こし、片方がうまくいくともう片方もうまくいって目標達成までどんどん早く進んでいきます。

逆に言うと、片方がうまくいかないともう片方の足を引っ張ります。余計なものをたくさん吸収してしまうと毒素の排出が大変になるし、毒素が残ってしまうと吸収力も下がっていきます。

満ちていくときは増やしたいものは増えるかもしれませんが、嫌なことはブロックしておかないとそれも増えてしまいます。

欠けていく時期は減らしたいものを減らすのがうまくいきやすいですが、増やしたいものは増えてくれないです。それぞれに対策を取らなくてはいけません。

それには「何を増やし、何を減らしたいのか」を把握しておくことが非常に重要です。足すことと引くことは、いつも同じ目的のためにあるのです。

満ち欠けスケジューリング術では、満ち欠けにあわせて生活することを目的としていません。満ち欠けを使って自分の生活を調整しコントロールしていくというのが、大きな目的になっています。

なので、新月にはこれをする・満月にはこれをするということ以上に、この「満ちていく期間にどう調整して、次の欠けていく期間ではどのように受け止め調整するのか」の繰り返しを常に考えていくことになります。

満ち欠けにのせるコツ

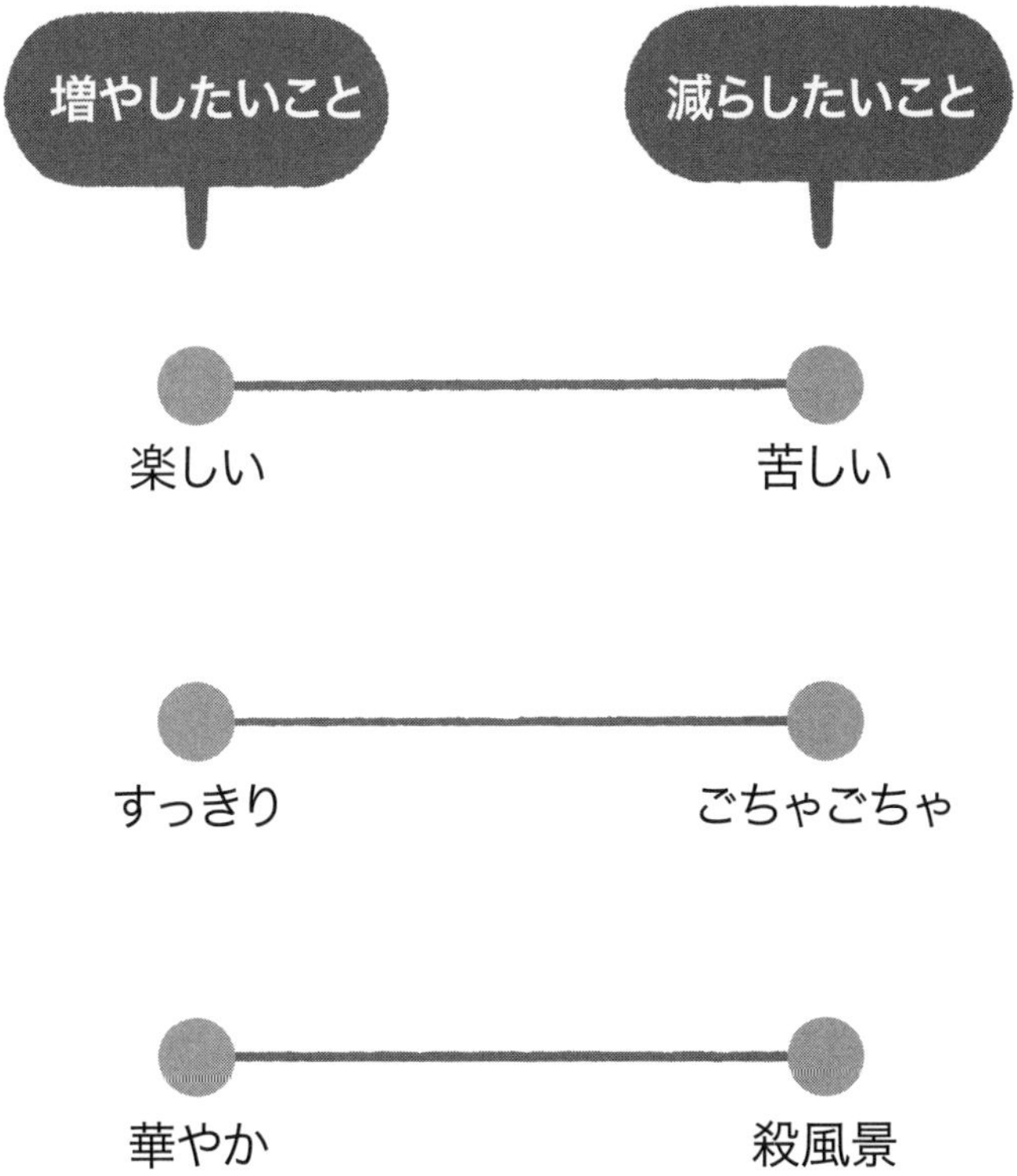

○満ちていく期間は増やしたいことに注力し、減らしたいことを増やさないよう心がける。

○欠けていく期間は減らしたいことに注力し、増やしたいことが減らないよう心がける。

3　目標をもっと正確にブレイクダウンしていこう

「目標の裏にある真の目的」と「なんでも質量保存の法則」。

この二つの考え方をあわせて、より正確に目標をブレイクダウンしていく手順を見ていきましょう。

別紙に、ワークシートを用意しているので、それを参考にノートなどに書き出して、スケジュールに落とし込んでいきましょう。ワンテーマ・ワンシートで問題を整理していくのがおすすめです。

満ち欠けのように表と裏の両面から目標を分析して、正確にブレイクダウンしていくやり方です。

これをムーンプランナーメソッドと呼んでいます。

必要なこと、やめたほうがいいことをそれぞれ書き出しているうちに、最初の目標自体ちょっと違っているなと思ったり、隠れていた裏の目的に気づけるようになってきます。

目標を正確に作るのが目的なので、違和感が出てきたら目標はどんどん修正していきましょう。

目標だと思っていた「お金をためる」が実は単なる手段で、その先にもっと大事な目標があったと気づいたなら、「お金をためる」ということは「増やすこと」の欄に移り、「〇〇円必要」と書き換えることになります。

ここでのワークをもとにスケジュールを作って、満ち欠けＰＤＣＡにかけると、動きが非常に滑らかになっていきます。

実際に実行していくためのワークなので、これを基礎にスケジュールを落とし込みましょう。

そして実行するとやはり問題点が出てきます。

そこを拾って修正していくのがＰＤＣＡです。ワークを下敷きにＰＤＣＡを動かすと、何倍も早く結果につながってきます。

ムーンプランナーメソッド・ワークの手順

① やりたいことや目標などをワンテーマ書き出す

② その目標を達成するのにすべき「必要なこと・増やすこと」を書き出す

③ 逆に「やめたり、控えたほうがいいこと」をそれぞれ書き出す

④ ①の目標、②の増やすこと、③のやめたり控えたほうがいいことの三つがちゃんとつながっているか、俯瞰して見直す

※見直すポイントは「増やすこと」を入れることで何が減るのか、「やめたほうがいいこと」をやめることで何が増えるのかがスムーズにひと続きになっているかを確認する

⑤ 目標の裏にある、真の目的が何か、はっきりと把握する。把握できていないときは、「まだ把握し切れていない」ことを確認する

⑥ シートが出来上がったら、スケジュールに組み込んでいく。満ちていく期間には②の増やしたいことに書き込んだ内容を中心に配置する。欠けていく期間には③のやめたほうがいいことをテーマとして掲げてスケジュールを組む

⑦ スケジュールに落とし込んで行動し始めてからが本番。実際にやってみて、満ち欠けPDCAで計画の見直しや目標の修正をする

◆ 真の目的

❶ やりたいこと・目標

❷ 必要なこと・増やすこと

❸ やめること・控えること

ムーンプランナーメソッドのワーク自体は、いつやっても意味があります。

なんだかいろいろこんがらがってしまったときや、やる気が出ないときにも有効です。

それ以外だと、新月や満月などの節目に定期的にやってみるのもおすすめです。PDCAのP（計画）にもなりますし、A（改善、処置）を正確に行うことにもつながっていきます。

実際に、必要なことや控えたほうがいいことは実行してみると全然違っていたなんてことがあります。最初のワークシートも仮説にすぎないということを忘れずに、修正をダイナミックに入れていく必要があります。

定期的に満ち欠けPDCAのひとり会議の時間を設けて、修正を行ってきましょう。

第4章
「続かない」をやめる変化のデザイン

なぜ「続かない」ことがこんなに苦しいのか

1　変わりたいけど変わらないのは、健康な証拠でもある

手帳を使う理由に、何かを続けたい、そして変えたいという希望を持っている人がとても多いです。それだけ「続かない」「変わらない」という悩みが深いということでもあります。

結論から言うと「脳は変わることを非常に嫌う」ということに向き合わねばなりません。変えることは基本的に嫌なこと、苦手なこと、やりたくないことです。変えられないのは意志の弱さというよりも、そもそも健康な人は変化を好まない性質があるのです。

人の身体にはホメオスタシスと呼ばれる恒常性を保つ力があります。常に同じ状態に保つ力のことです。

健康でホメオスタシス機能がきちんと働いている人にとって、変化するということはホメオスタシス機能が働いて阻止してくることなので、それだけでストレスになりますし、変化しても気を抜くと元に戻ってしまいます。元に戻すのがホメオスタシス機能の役割だからです。

続かないという悩みは、何か今までにないことを始めたらそれを続けたい、習慣にないことを取り入れて習慣化させたいということなので、つまりは今までにない変化を起こしていることになります。

それがどんなに小さなことであっても、ホメオスタシス機能が正常であれば異物として認識され、抵抗されてしまいます。

変わらない、続かないというのは、むしろホメオスタシス機能が正常な証拠と思ってもいいくらいです。「意志が弱い」「挫折ばかりしている」と気に病むのは、あまり意味がないのです。健康なことを嘆いているようなものなのですから。

けれども、変えたほうがよい習慣や、新しく習慣づけてよりよい状態に持っていきたい課題などはちょこちょこと現れます。

そんなときに、一体どうしたら？

健康なせいでそれらがうまくいかないというのも、ちょっと困ります。

2　点ではなく面で考えよう

たいてい、何かを変えようとするときは、一つだけ変化を取り入れることが多いです。健康のために帰宅後にランニングをするとか、タバコをやめるとか。実はこれ、1カ所を変えるとほかにしわ寄せがいくという**変化の影響力**をまったく考えていないのです。

変化を起こしたときに、変化させたこと自体はあまり大きくなくても（＝点）、ほかにしわ寄せがいきます。そこを考えていないと、生活全体（＝面）が微妙に狂いだします。そこでホメオスタシス機能が急に強まってくるのです。変えるポイントに関しては自覚的なので変化することはある程度理解しています。ところが、ほかにしわ寄せがいった部分で変化が起きることは想定されていません。

例えば、帰宅後にランニングをするようになったら、いつもより家事をする時間も体力も減ってしまって、家事自体が億劫になって部屋がどんどん散らかっていく。それがすごくストレスになってくる。

想定していたよい変化ではなく、想定外の悪い変化が起きてしまっている状況です。

何かが変化すると、周りも少しずつではあっても変化せざるを得ないのです。何かを始めると、何かをやめることになるという前章の**なんでも質量保存の法則**を思い出してみましょう。

理想を言えば、今までダラダラとお菓子を食べてテレビを見ていた時間を軽い運動をする時間へと取り換えて、結果として健康的な身体を手に入れて維持し続けるというのが最初に想定している形なのですが、実際にはそう簡単にいきません。

思いがけないところに影響が出たり、想定外の変化が起きることも多々あります。

その変化を、変化させたい場所のみで考えるのではなく、もっと広く、時間的な幅を持って、しわ寄せが起きることもサイクルとして織り込んで変化を生み出していくという視点がとても重要になってきます。点ではなく、もっと広い面として変化を考えていきます。

そのときに働くホメオスタシス機能の「いつもどおりにしなくては！」という力のかかり方を、よい方向に向くように調整することこそが、変えていくポイントになります。

3　変化を平面的、立体的にデザインしていく

変化を起こしたいときは、点ではなく、平面的に変化を捉え、そこに時間の概念を足して立体的にデザインするという視点が必要になります。

ホメオスタシス機能を味方にしよう

最初に言ったように、とにかくホメオスタシス機能が健全に働いていると変化は起きないように処理されてしまいます。それを無理に抑えつけることは強いストレスになり、他の部分を圧迫することにつながっていきます。

ところが、この無意識に引っ張っていくというホメオスタシス機能を味方につけると、これ以上ない強い力を発揮してくれます。

それには変化の着地点＝次の安定した状態を想定しておくことが大切です。これがあるだけで、かなりホメオスタシス機能を味方につけることができます。

「現状こそが間違っている悪い状態なのだ」とホメオスタシス機能が判断できれば、理想であるスタイルに自動で修正してくれるからです。その変化後の着地点＝ゴール設定が非常に重要になります。

よく「夢を達成したあとの自分の姿や感覚、感情をよく想像して、まるでそこにいるように体感してみなさい」と言われるのは、ホメオスタシス機能に「それが正しい状態だよ」と教える意味合いが強いです。

現状が誤った状態で、正しい理想的な姿とかけ離れているとき、ホメオスタシス機能は「正しい姿」に戻そうと恒常性を発揮して自動でその形に持っていこうとします。意志やモチベーションなどよりも強烈に。

ただ、なかなかそこまで自分を騙すのも難しいものです。ホメオスタシス機能をセットアップすることにエネルギーを費やすよりは、もっと別のことに努力したほうがよほど早く結果を得られることが多いと思います。

しかし「これがゴールである」「これが正しいあるべき姿」というのを一つは用意しておかないと、ホメオスタシス機能はひたすら抵抗して現状を保とうと尽力してしまいます。それは自分自身、つまりあなたを守るための非常に健気な機能なのです。

そこを変えていくためには、

○変化後の姿＝一時的なゴール地点の把握
○変化の影響を1カ所ではなく生活すべての面で少しずつ負担を分ける「負担分配のデザイン」計画⇓変化を点ではなくもっと広く**平面的**に捉える
○1回ではなく、2回、3回と繰り返すサイクル化計画⇓変化を**時間軸で立体的**に捉える

という、いくつかのステップを踏んでいくことがおすすめです。

変化をデザインする、という視点で見ていくと、今までに失敗して続かなかったやり方がいかに場当たり的だったのかと感じると思います。意気込みはあったけれど、あまりに

準備不足というものが多かったはずです。

デザインするということは、完成形が見えていなければいけません。

それがなくてはデザインのしようがないのです。だからとっても大事です。

しかし続かない、変わらないと嘆く人は、このゴールの姿をつかむのがとても苦手だったりします。最終的にこうなりたいという完璧な姿を最初に設定してしまうので、そこにたどり着く前に力尽きてしまうのです。

最終的には壮大な現時点では考えにくい姿がゴールだとしても、まずはもっと小さな、短い時間で得られるゴール、つまり直近のゴールを想定します。完璧な姿ではなく、中継点としての姿を考えてみましょう。

自分では「そんな小さいこと？」と思えるくらいのものがいいです。その中継点の姿を、まず最初の目標としていきましょう。そのほうが、デザインがしやすいです。

立派なゴールや高い理想を考えるより、自分にもできる、という感覚の中で変化をデザインしていくのが大事です。だから最初はちょっと地味でまぬけな目標に見えるかもしれません。でもそれが大事です。

4　達成感があるとやる気は消える

さて、何かを続けていくときに必ず「やる気やモチベーションがあればできる！」という説も出てくると思います。

これはこれで間違ってはいないのですが、やる気はすぐになくなる性質を持っています。やる気などの感情に頼った継続方法は場当たり的で、とても不安定です。

だからこそ、変化をデザインしていくという考え方が必要になるのです。

ここで注目しなくてはいけないのが、やる気を上げる感覚ではなく、むしろその逆の、やる気を失わせる感覚についてです。

こっちを押さえておくほうが、続けていくためには重要なのです。

中でも一番厄介なのが、達成感です。

達成感はやる気を失わせる悪魔

達成感というと、とても素晴らしいものだと感じている人がほとんどではないかと思うのですが、そのいいものだという印象も含めて大変厄介なのです。

人間の脳は達成感が大好物です。やり切ったときのすがすがしさは、脳波を測定しなくてもいい何かが出ている感じがわかります。

ノートを使い切ったとか、汚れた場所を掃除しただけという小さなことでも達成感は得られます。もちろん長い時間をかけてがんばってきたプロジェクトが成功を収めたという場合にはもっと大きな達成感があります。

その達成感という快感が欲しくて、脳は突き進んでいるところがあります。あのスッとした感じのために、ちょっとした苦労などは乗り越えてしまいます。

ところが、その達成感を感じてしまうと、急にやる気は消えてしまいます。脳は達成感を感じたいので、達成してしまうとそれに対する興味はもうありません。

それがこれから続けていかなくてはいけないことであっても、眼中にない状態になってしまいます。

これが、長期にわたって何かを続けたいときに、達成感が大きな障害になるパターンです。

脳は些細なことでも達成感を感じます。

例えば、いい計画を立てて手帳に書き込んだというだけでも達成感を感じます。そして、脳の中では「このときにはこうやって、こうなって……」とシミュレーションが綿密に行われています。それが、計画を手帳に書き込んだことで達成されてしまって、やる気はふっとなくなってしまいます。

これが「計画を立てるのは大好きだけど、計画の実行はほとんどしない」タイプの人によく見られるパターンです。

やった気になって、実際には何もしていないという悲劇です。

頭の中では終わっているので、いざ締切りが近くなってもやる気が起きません。難しいことではないのにできない、おかしい、あんなに熱心に計画を立てたのに……。

まさに悲劇です。

やる気はあった、計画も立てた、そして実行はされない。そんなことが一度や二度、経験があるのではないでしょうか。

達成感がやる気をそぐというのはスポーツの世界ではかなり有名な話で、スピードを競うような競技だとゴール寸前で速度が落ちることがよくあるそうです。

これも、脳の性質の一つで、終わりが見えたり、次が予想される状態になると省エネモードになってしまうというものです。

脳は非常にたくさんのエネルギーを消費するので、わかっていることや想定の範囲内に入ったと判断すると急に働きを落とします。

それがほんのわずかなことでも、トップアスリートの世界ではそのわずかの差が成績に大きく影響してしまうということで、ゴールを先に延ばしたりして最後まで集中力が途切れないようなトレーニングを積むことが多いそうです。

何かを続けたいというときに、特に計画倒れを繰り返している人は、この「達成感は魔物」ということを覚えておくといいと思います。

やった気になって実際には何もできていないというトラップに足をすくわれたことがある人は少なくないと思います。訓練を重ねたアスリートでさえこの脳のクセそのものを変えることはできません。

ですが対応策はいくらでもあります。
達成感の悪魔を遠ざける方法のキーワードは**中途半端**です。
達成感を感じないようにしたらいいので、物事を中途半端にやめるのです。
どこを中途半端にするかというと、

- 時間
- やっている内容

のどちらかだけで十分です。
ところが、実際に中途半端にやろうと思うとそれはそれで大変です。中途半端なのは保留の状態です。保留を持ち続けるというのは、とてもエネルギーがいります。つまりずっと気を張って力を入れ続けているような状態、精神力のスタミナがないとできないことでもあります。

この状態を精神力に頼らずに保ち続ける仕組みを、月のリズムでサポートしていく視点から考えてみましょう。

達成感を感じさせず充実感を増やす月のリズム

月の満ち欠けは、曜日の区切りでもなければ、サイクルの日数も14〜16日の間で不安定に繰り返されます。きっちり1週間は7日間と定められている現代の生活と比べて圧倒的に不安定な、中途半端な要素が強いのです。

通常の活動はすべて曜日がきっちりと定まったグレゴリオ暦カレンダーで進行していきます。満ち欠けリズムでそこに節目を入れると、どうしても中途半端なタイミングで振り返ったり計画を立て直したりすることになります。それこそが、重要なポイントなのです。

普通のカレンダーの暮らしの中に満ち欠けリズムを取り入れて計画を立てたり振り返ったりをしていると、それだけで意識がより鮮明になり、取り組んでいることへの集中力が途切れにくくなります。

約2週間のスパンも、1週間単位で動いている生活の中から見るとある程度の長さがあって、1週間にはない充実感を感じることができます。この充実感のほうが達成感より優先されることが、物事を続けていくためにとても重要なことです。

達成感よりも、充実感を感じること。

わずかな違いですが、とても大きな部分です。

1週間や1カ月だと勝手に頭が「今日は木曜日だから…」と計算をし始めて、頭の中だけでゴールにたどり着いてしまいます。そこを日数がイレギュラーな満ち欠けのリズムで動いてみると、先が読めないのです。その読めなさが、集中力維持につながっています。

「そんなことで?:」と思われるかもしれませんが、これはぜひ一度体験してみないと実感できない不思議な感覚です。追いつめられたり、プレッシャーをかけたりするのではなく、ただ長さを変えるだけで集中力が続いていくという不思議な感覚を、ぜひ満ち欠けスケジューリング術で体験してみてください。

やりかけたものを散らかさない申し送り

時間を中途半端なサイクルで切ることに加え、もう一つの「やっている内容を中途半端にする」ということも、なかなか効果があります。

これは完成させないという意味に捉えられがちなのですが、実際は腹八分目でやめるというイメージのほうが近いです。

掃除も上から下まで全部きっちり1回でやるのではなく、ある程度汚れを落としたら、続きは次の機会に繰り越す。次に再開するときは、前回やった続きから始める、という流れにすると、取っかかりがより楽になります。

1回の作業量も少し減るので、疲れにくくなります。

これも満ち欠けスケジューリング術の適切な先送りに当てはまります。

全部を一度にやろうとせず、余ったことやできなかったことは次のフェーズの課題として最初から手帳に書いておく＝申し送りをしておくということで、自然と間が空いても継続していくことができます。何をやるのかが明確なので、着手に時間がかからないというのも大きなポイントです。

簡単にできて、できなかったことは次に回して、次の機会ではちゃんと申し送られた内容を回収して完了させるというサイクルを経験すると、時間がかかってもできる、時間をかけて完成させるという自信と充実感につながっていきます。

5 計画はやりながら調整して、振り返る

今度はもっと具体的にデザインするとはどういうことかを例に沿って考えていきましょう。

まず絶対に必要なのが、「**調整する**」という考え方です。

第2章で見てきたように、最初の目標や計画は単なる予測に基づいたものです。こうなるだろうという、推測・仮説にすぎません。

ですから実際に始めてみると、予測と現実のズレが起きてくることがほとんどです。そのときに必ず「調整する」というステップを入れておくことが重要です。これは第1章からの繰り返しですが、計画を立ててから調整を重ねるということがスケジューリングの要になってきます。

達成感を感じにくく、かつ充実感を得るスケジュールにするのにも、調整は絶対に必要な作業です。やろうと思ったことが想定以上に難しい場合は目標自体をグッと下げる必要があります。

具体例を挙げながら見ていきましょう。

夜更かしを改善したい

・最初の目的／いつも眠るのが遅くて、朝起きられない。朝スッキリ起きて、余裕を持って会社に行けるようになりたいし、出勤前にカフェで朝食を取ってみたい。

・最初の目標／朝６時に起きること。

①現状

眠るのはだいたい夜中１時過ぎ、朝は８時ごろに起きて慌てて30分で出社準備。会社に着くまで余裕はほとんどない。

６時に起きられたら、余裕を持って出社できる。

そのために「12時にベッドに入る」「残業はなるべく減らして早く家に帰る」「６時に目覚ましをセットする」を実行する。

※朝起きることだけではなく、夜眠るところからやることに入れていくことで、点（＝朝６時起き）ではなく、面での対策になる。

②調整その1

3日間やってみて、6時に起きられたのは1回だけ。目覚ましの音も聞こえなかった。6時起き↓7時半にする。いつもより30分早くベッドから出ることに変更する。そのほかの夜のタスクは継続。

③調整その2

7時半にベッドから出ることができるようになった。夜のタスクは「12時に眠る」のが難しいが眠る前に何かを食べてしまうのを控えるようにする。お腹が空いてしまうのは食事のボリュームが足りていないせいなので、夕食は栄養のあるものをしっかり食べるようにしよう。

④調整その3

夕飯を食べる時間を確保するために、残業はしないように心がけて早く帰る。いつもより10分早い時間の電車に乗れるように、起きる時間をもう少し早く7時にしてみる。

忙しくて帰りが遅くなる日もあるけれど、できる範囲でできればＯＫとする（眠ることが目的じゃなくて、仕事で疲れを感じないことが目的だから）。

⑤調整その4

睡眠が大切だと実感したので、思い切って品質の高いマットレスを購入することを検討。

この場合、最初に立てた目標があまりに無謀だったことに数日も経たずに気がついて、目標を下げることが第一の変更になります。

最終的に6時起きができることが目標ですが、まずは「今より早く起きる」ことさえできればＯＫなのです。なのでグッと目標値を下げることでできることを増やすほうへ舵を切ります。

途中で自分の目的は「早起きすること」ではなく「仕事で疲れを感じないこと」なのだと気がついて、最初の目的も本当に願っていたこととは少しズレがあったことがわかってきます。

そして、少しずつ変化のための「面」を広げていきます。

最初は「眠るため」だけのことだったのに、食事に気をつかうようになり、仕事を早く切り上げることを考えるようになり、寝具にも意識が向くようになりました。

このように、実際にやってみるとわかることがとてもたくさん出てきます。

最初は「がんばれば6時に起きられるはず」と思っても、実際には目覚ましの音さえ聞こえないということは、やってみないとわからないことです。

また、これは1回で判断せず何回か状況を確認して、小さな試行錯誤が繰り返されました。

この1回で判断しないということが、サイクル化の視点の入り口になります。

振り返りのタイミングは、はっきりと数日でわかる場合はあえて時間を設けなくても大丈夫かもしれませんが、何となくはっきりしない場合は区切りを設けて少し記録をつけておくと見やすくなります。

その場合、満ち欠けにあわせると、新月満月、それと上弦・下弦の半月のタイミングはそれぞれ約1週間ごとにめぐってきますので、いつもの満ち欠けスケジューリングを行うときにあわせて見直してみるといいでしょう。

6 なぜ「続かない」ことがこれほど劣等感につながるのか？

「今度こそ続けたい」

新しい手帳をおろすときに、そう言っている人が、たくさんいます。

でも、なんで続けたいと思うのでしょうか？

そしてどうして続かないことがこんなにも悪いことのように受け取られているのか、考えたことはあるでしょうか？

基本的に、最初のホメオスタシス機能のところでも触れたように、人間は新しい環境になることを嫌います。新しい何かを続けて環境を変えることは、不必要と判断されることが多いのです。

実際に続かなかったことは、それほどやる必要に迫られていなかったことが多いと思います。言葉が通じない異国に放り込まれたらどうしたってその国の言葉を覚えようとしますが、別に日本語が通じる場所で特にしゃべる相手もいないのに外国語を身につけようと思うと、あまり続きません。端的に言えば、必要がないからです。

必要がないことを続けられなかったからといって、劣等感を持つ必要はほとんどないはずです。なのに多くの人が「続けられなかった」と続ける必要のないことをやって深く落ち込んでいるのです。

手帳を作るようになってからそういう場面を山ほど見て、私はずっとおかしいなと思っていました。そんなに落ち込むほどのことなんだろうか？　と。

でもこれには、いくつかの理由があったのです。

最初の理由は、学校に通っていたころのことだと思います。

子ども時代、義務教育時代に「毎日続けて勉強したり、運動など練習を続けた児童は成長する」と言われるのをたくさん聞いてきませんでしたか？

自分に言われたこともあれば、自分に関係がなくても優秀な成績を修めた運動部などが校内で表彰されるときに校長先生が「つらい練習を続けて立派な結果につながりました」なんて褒めているのを聞いたりしていると、続けることはいいこと、素晴らしいことという観念が着実に形成されていきます。

続けることで自分自身が実感を持って成長を感じた体験よりも、本当は遊びたかったのにガマンして嫌なことを続けていると他者から褒められる（この場合は先生や親から）という認識のほうが強くなっていきます。

実際に結果が出なくてつまらない時期があっても、自分がちゃんと成長すると確信があれば続けることはできます。ところが、続けることで成果を得た実感はないけれど他者からは褒められるという場面を知っている場合は、とにかく「他者から褒められる」ために続けようとしてしまう節が、かなりあります。

それは、もう自分は小学生でもなく、先生や親が褒めてくれるような状況にいないとはっきりわかっているにもかかわらず、ほぼ無意識に「他者からの評価」のために続けようとしてしまうことが散見されているのです。

劣等感というのも、比べる対象があるからこそ生まれる感情です。それがクセになると、比べる対象がない状態のときでさえ、ほかの誰かという架空のアバターに対して劣っていると感じて、ひどく落ち込んでいきます。

これも評価を得るためのある種の技の一つであり、落ち込んだり苦しんだりすると誰かが助けてくれたという過去の経験から身に付けたやり方です。

あなたが小さいとき、親に「我慢していたらお菓子をあげる」「いい子にしていたらおもちゃを買ってあげる」などと交渉を持ちかけられたことは一度や二度ではないでしょう。そうすると、幼い私たちは「嫌なことをしたらいいものがもらえるんだな」「やりたくないことをやって傷つけば褒めてもらえるんだな」と学習していきます。

本当の目的はそこではないのですが、子どもなので自分が嫌な思いをしたことと、そのあとでうれしいことがあったことや、親に助けてもらったり褒めてもらったことだけを理解しています。

そのクセを、いまだに引きずってしまっているのです。

もちろん、今さら親に褒められたいなんて思ってないと、頭では理解しています。大人ですから、苦しい、悲しいと思ったって、それだけで助けてもらえるわけではないとわかっています。

でも、子どものときに覚えた原始的な感覚はそう簡単に消えることはなく残っています。

無意味な「続けること」を追い求めては、できなくて劣等感を感じているというのは、それはそれで「誰かから助けてもらうための手順」を無意識に繰り返してしまっている可能性もあるのです。

誰かから評価されたいというのは、誰かから助けてほしいという気持ちでもあります。それがいけないというわけではないのです。

そこではなくて「自分の力は発揮してはいけない、常に誰かに助けてもらうような状態にいなくてはいけない」という思い込みが、一番大きな苦しみの原因です。

別に誰かの許可を得たり、誰かの評価を得るために生きる必要はなくて、ただ自分がやりたいことを自分の力でやってもいいはずなのです。それができない精神状態にあるというのは、結局他人からの支配の中で生きているということです。

「自分がやりたいと思ったことを続けられた」ときに、それは他人からの支配から抜け出して、自立へと向かっていきます。

やりたいことが自分の力でできるようになる体験は、不思議な安心感と優しい自信をもたらします。傲慢さでできた自信ではなく、安心感に満ちた自信です。

それは自分ができることを自分がやってもいい、という自由を手に入れたことと同じなのではないかと思います。

ここまで、やりたいことを精査して小さく小分けにする考え方や、続けるための調整方法を見ていく中で、実際に自分がやりたいと思っていたことと、やらされていたことがなんとなくわかってきた人も多いと思います。

やらされていたことは、他人からの支配の一つです。

それを手放してもいい結果をつかむことはできると実感し、自分にある力を使っても怒られない（子どものときは楽しく遊んでいたらすごく怒られたのに、今は楽しく遊んだら人から褒められ、素晴らしいものができるのです！）とわかること。

それは、自分がやりたいことを自分でできるようにデザインしていく、自分が続けられるようにデザインし直していく中で、着実に育っていきます。

そうやって、続けられない劣等感という他者の支配から自分をそっと解き放つことで、優しい自信に満ちた穏やかな生き方ができるのだと思います。

第5章
実践！
月のリズムで変えていこう

1　1カ月で変える・2カ月で変える・3カ月で変える

満ち欠けスケジューリング術について、いろんな角度で見てきましたが、実際にそれらを総合してスケジューリングに取りかかってみましょう。満ちる・欠けるの約2週間サイクルを積み重ねた、少し長めのスパンで見ていくやり方です。

ここまでの目標への関わり方や、変化を起こすためのデザイン的視点を取り入れながら、数カ月ほどの計画について考えていきましょう。

基本は満ち欠けを2回繰り返すサイクルで

大事なことは、1回で変化しようとしてはいけないということです。月のリズムはサイクル（繰り返し）が基礎となっています。このサイクル機能を存分に活用するには、1回でどうにかするよりも、続けて繰り返す中で変化を進めていく考え方が重要になります。

計画を立て変化をデザインしていくときには、満ち欠けを基準と考えると、1回だけでは足りないのです。

一番おすすめなのは、最低2カ月を最初のユニット期間とすること。つまり、満ち欠けで考えると、２カ月というのは、新月と満月を2回繰り返す期間です。

満ちていく期間＝足していくこと、欠けていく期間＝引いていくことを2回実行してみるということです。

これは、予習・復習というイメージで見てみるとよりわかりやすいかと思います。１回のサイクルでは、うまくいったかどうかわかりません。たまたまできたということもあります。でも2回繰り返せば、最初のときの問題点も2回目で対処できますし、最初に取りこぼしてしまったものも申し送っておけば2回目でキャッチして、再度取り組むことができます。

何か一つのことを変えたいというときには、この2カ月（新月と満月を2回繰り返す）を一つのユニットとして計画を立ててみましょう。

最初の新月と満月は予習や準備、練習
2回目の新月と満月では、復習ややり直し

一つのことに2カ月もかけるのは長いと感じるかもしれませんが、長い人生のたった2カ月で大きく変化すると思うと、けして長い期間ではありません。むしろ短いくらいなのです。

でも2カ月も集中して何かに取り組むということは、特に大人になってからプライベートの中では非常に少なくなっています。

課題が部屋の片づけや、ダイエットなど、人によって様々ではありますが、この満ち欠けを2回繰り返す中で取り組むという区切りはとても効果的なやり方です。

1カ月で集中して取り組む○○チャレンジ

1カ月間だけほぼ毎日過剰なほど集中して何かに取り組むというやり方があります。スクワットだけを集中して毎日1カ月やるスクワットチャレンジなどがとても流行しましたね。

このように、ちょっと集中して短期間にたくさんのことをやりたいときも、月の満ち欠けを基準にやってみましょう。

1カ月だと長いと感じる人は、新月・満月で一度区切りを入れて、前半後半という感じで計画を立てて短期集中で取り組んでみましょう。満ちていく期間・欠けていく期間のどちらか約2週間に集中するショートタイプのチャレンジのほうが、より取り組みやすいかもしれません。

この短期間に集中して過剰に取り組むというやり方は、非常に効果がある半面、他の部分に負荷が大きいものでもあります。なので、2週間や1カ月と区切ってゲームのようにチャレンジする仕組みです。

これも非常に効果があります。特に、ゆっくりじっくり取り組んだけれどいまいち効果が感じられないことなどには、思い切ってこの負荷を大きくする1カ月チャレンジは強力なブースターになってくれます。

3カ月以上の計画は、2カ月と1カ月のプログラムの組み合わせで

基本は2カ月で予習復習のように取り組むのですが、もう少し時間のかかるものに関しては、2カ月と1カ月の組み合わせ方式で計画していくのがよいでしょう。

ずっと続けて3カ月、満ち欠けを繰り返していくのもいいのですが、途中どこかで集中する期間＝チャンレンジ期間を設けると格段に速く進んでいきます。

この場合チャレンジ期間は1カ月ではなく、満ちていく期間・欠けていく期間のどちらか約2週間のみでもよいでしょう。また、続けてではなく、集中期間を分散させる方法もあります（満ちていく期間だけがんばる、など）。

2カ月分の通常パターンと1カ月分の集中強化パターンを組み合わせて計画するのが、集中力がダレるのを防ぐ大きなコツになります。

半年以上の長いスパンでは考えない

物事を変化させるときに、長期的に考えることはよいことです。ですが、長期的なイメージというのは具体性に欠けますし、物事はどんどん変化していくので、最初に想像していたことが現状にあわなくなっていくことは往々にして起きてしまいます。

なので、基本的に自分の行動計画を立てるという場合は、最長でも半年で区切って考えるとよいでしょう。

半年経ったら、またもう一度現状に即して計画を作り直せばいいだけのことです。

月の満ち欠けのリズムは、半年が一つのスパンです。また、太陽のリズムも、夏至と冬至、春分と秋分など、それぞれ半年の節目があります。

季節の変化というのも、実際の行動にはとても大きく響きます。着るものも食べるものも変わるのですから、当然ですね。

意気込んで元日に1年間の計画を立てるとか、誕生日に今年はどんなふうに過ごすという計画を立てますが、なかなかそのとおり実行されません。1年間にわたる長期的な計画というのは、とかく変化しやすいものです。

なので、スパッと割り切って半年で計画そのものを毎回更新していくほうが、効率もよくより効果の高い計画を作り出すことができます。

もちろん数年計画、10年計画などは一つの指針として意味があるので、作ってみるだけの価値は十分あります。ただ、より具体的で実行力のある計画、スケジューリングは、長くても半年以内のことをきちんと計画していくことが重要だということです。

2　満ち欠けに振り回されない「今」から始める考え方

月の満ち欠けを基準にスケジューリングをしていくときに起こしがちな失敗は「今は新月期じゃないから、始められない」「今は下弦の月だから動いちゃいけない」と、月齢で自分の行動を制限してしまうという考え方です。

これは非常にもったいないです。

確かにかつては、自然の力は脅威的なものでした。科学も医学も発達していなかったので、経験則や迷信、言い伝えのようなものにすがるしかなかったのです。

ところが、現代では自然の脅威から身を守る仕組みができ、非常に安心して暮らせる社会になりました。

昔ならちょっとしたケガで死んでしまうことも多かったです。冷蔵庫も上下水道もなく、衛生観念がなかったので、感染症で多くの人が亡くなっていました。それに対して当時は祈るしか対処のしようがなかったのです。

でも今は、そういう自然からの脅威を避けることができるようになってきました。

特に月の満ち欠けの影響力というのは、現代では無視しても問題ないほど小さく抑えられています。今まで新月や満月など考えもせずに生きてきて、なんの問題もなかったと思います。

大事なのは、考え方なのです。

月の満ち欠けにNG日は存在しません。この日にこれをしてはいけないという日はないのです。かつては忌日と呼ばれたNG日やNG行為があったかもしれませんが、今はいくらでもフォローができる時代です。

満月の日にはお酒を飲むと回りやすいと言われますが、もし自分の体質がそうなら控えめにすること。

肌も過敏に反応しやすいというなら、ヘアサロンでのパーマやカラーは刺激の少ないものにする、アフターケアを入念にするなど、いくらでもフォローする方法があります。

新月だから、満月だから、ではなくて、自分の体調や予定をよく考えることのほうが重要です。

月のリズムで生きたいのではなく、今の社会での生活がうまくいくように取り入れたいと思っている人のほうが多いはずです。

ですが、やっている途中から今の生活を犠牲にしてまで月のリズムで生活しようとしてしまう人は少なくありません。これも手段の目的化の一つで、よく起きていることです。

お金持ちになりたいのも、よい結婚をしたいというのも、どれも今の社会の中でよりよい人生を送るために必要だと思うから、そう願っているはずです。それなのに、今の社会でよりよく生きるという目的を忘れて「お金さえあればいい」「結婚さえできれば」となってしまうのと同じく、月のリズムで生活しないと幸せになれない！　となってしまうのは、むしろ今の社会での生活では損失につながります。

どうしても月のリズムに引きずられてしまう人（新月や満月で体調が悪くなるなど）は、それも一つの体質なので、環境として取り入れることが重要です。

低気圧などで体調が悪くなってしまうことはかなり広く認知されていますが、満ち欠けも引力などに関わってくることなので、似たような影響を受けている人が多くいても不思議はありません（満月にはだるくなる人は多いです。また新月には妙に不安になるという人もいます。表れ方は人それぞれです）。

満ち欠けとの関係は、それだけを見ずに、体調や環境を考えながら、条件の一つ程度に考えてみるのが大事です。それでも意識して感じ取るようになると、些細な体調の変化も感じられ、よい方向へつながっていくことも多くあります。

何かを始めるタイミングもむやみに恐れずに

どんな月齢のときでも、後押しがあります。「新月じゃないから始めるのはやめたほうがいい？」なんてことは全然ありません。

新月期　新しいことに取り組むチャンス。一度失敗したことも、もう一度やり直すチャンスです。やりたいことの計画を立て、一歩を踏み出しましょう。

上弦の月〜満月前　とりあえず、着手してみること。ここで始まったことは「始まらざるを得なかったこと」なので、どうするか迷っているよりとにかくやってみること。

満月期　やろうと思っていることについて、一度「なぜそれをやろうと思ったのか」「どうして前はできなかったのか」など理由を振り返ったり、見直したりすることから始めましょう。慌てて取り組むよりは、今までうまくいかなかった原因などを考え、よりよい方法を見つけるいい時期です。

下弦の月〜新月前　準備期です。また長期的に続くことについては新月ではなく、プレオープン的にこの時期に始まることが多いと言われます。事前準備や、本番ではなく練習という形でスタートさせていく時期。

どんなことでも、いつ始めても後押しがあります。後押しをうまく取り入れ、やってみたいという気持ちを満ち欠けを理由に殺すのではなく、生かしていく考え方でいきましょう。

今から始める考え方

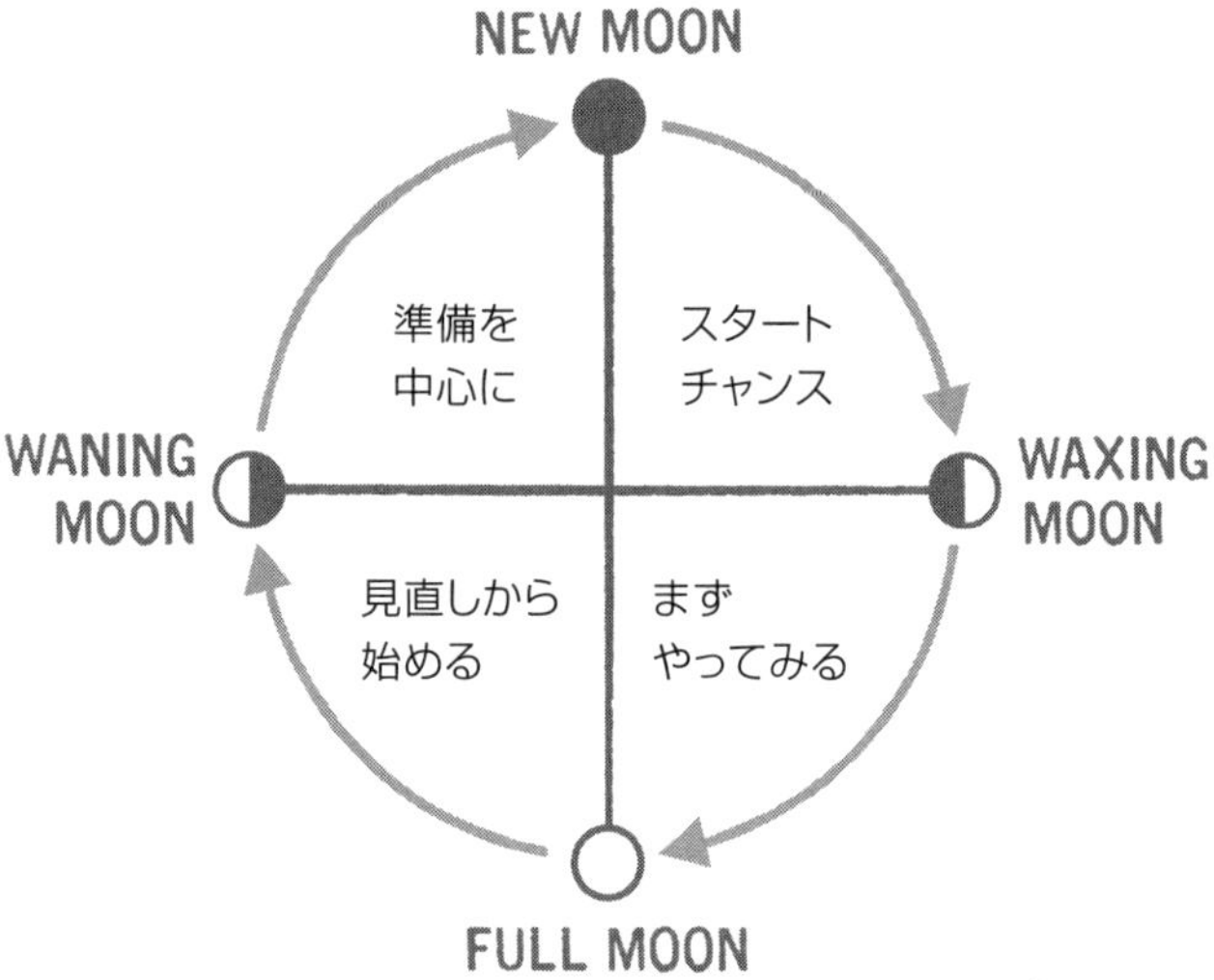
NEW MOON
準備を
中心に
スタート
チャンス
WANING
MOON
WAXING
MOON
見直しから
始める
まず
やってみる
FULL MOON

3　満ち欠けを使って中期的な計画を立てるコツ

短期的なモチベーションは比較的保ちやすいし、長期的なモチベーションはある意味現実味がない分自由に妄想できるので楽しく感じます。

しかし、約半年程度の中期的なモチベーションを保つのがもっとも難しいと言われています。

そんなモチベーションが保ちにくいと言われる中期的な計画を遂行するために、月のリズムは非常に相性がよいのです。

満ち欠けにあわせて計画を組んでいくと、約2週間の短期的計画を繰り返していくことになります。狭い範囲で俯瞰をして予定を立てるので、予定自体が組みやすい。さらに短めの期間なので調整することも容易です。

そこに大きな目標をかぶせて考えていくと、より方向性がはっきりと定まります。

そのときに重要なのが、定期的な締切日の設定です。

ダイエットや健康づくりのように、常にやり続けるゴールのないものもありますが、それでも「友達の結婚式までにこのくらい痩せたい」とか「秋の旅行に行けるように体力を回復したい」などのイベントがところどころにあります。

もし全然なければ、ぜひ設定してみましょう。やりたいことをやってみればよいのです。できれば直近ではなく、やはり2カ月、3カ月先のことがよいでしょう。遠くても半年以内に一度、第1次締切日を設定しましょう（年単位の目標も、第1次・第2次と複数設定することで、中だるみが回避できます）。

締切日を設定したら、そこまでに新月が何回、満月が何回あるか数えてみましょう。そうすると、「ここの満月の期間でいらないものを捨ててしまおう」「ここではそろそろ暑くなるころだから、この新月までにこれをしておかないといけないな」などと、逆算してアタリがつけられます。

なんとなく1カ月、2カ月と予定を組むよりも、満ちていく期間・欠けていく期間とメリハリをつけてテーマを設定することで、より立体的に計画を作ることができ、飽きや中だるみがないスケジュールが作れます。

基本的にモチベーションというのは、あてになりません。あてにならないからこそ、モチベーションがあるときはそれをすぐに生かすように、行動に変換しなくてはいけません。

それには自分で自分に指令を出しておく＝申し送りをしておくと、その申し送りによって自分が引っ張っていってもらうことができます。

特に中だるみしやすい時期に、何カ所か自分で自分に指令を出しておきましょう。対自分のオリエンテーリングゲーム（地図を見ながら山野の決められたポイントを回るアウトドアゲームのこと）のようなイメージです。あるいは、自分のために過去の自分が隠した宝の地図のようなものかもしれません。

その目安に、満ち欠けを使っていくと、何もないところから考えるよりもずっと具体的な申し送りを作ることができます。

4　ここまでの技を全部入れてスケジューリングしてみよう

満ち欠けスケジューリング術は、いくつかの側面からできています。

①満ち欠けリズムの約2週間サイクルで俯瞰して、計画・調整し、切り替えていく
②生活の行動パターンを「満ちていく=増やすこと」「欠けていく=減らすこと」と分けて考え、満ちていく期間と欠けていく期間でそれぞれテーマを持って過ごす
③目標も欲しいものといらないものの二つの面から考えてブレイクダウンしていく
④変化を自分でデザインして、満ち欠けリズムにのせて取りこぼしなく実行する

満ち欠けスケジューリング術は月のリズムに従って生活するためのものではなく、自分の生活をいかにうまく動かしていくかという課題に月のリズムを取り入れていくものです。どんな課題、どんなテーマでも実行可能です。

世界中のどんな場所でも月は見えます。時差はありますが、月の満ち欠けは同じタイミングで起きているので、その国の暦にあるように満ち欠けを取り入れていけば大丈夫。

満ち欠けをうまくツールとして使えるようになると、どんなことでも計画がうまく立てられるようになります。

ゆるやかな約2週間のリズムによる一歩引いた視点でまずは生活を見直し、整えていく。1週間よりも時間が多く取れるので、計画や調整もしやすい。

⬅

やること・やりたいことを「増やすこと」「減らすこと」という視点で分類して、テーマをはっきりさせ、さらに約2週間という区切りをもって取り組む。やることが明確で、締切りもあるので疲れが出にくい。

⬅

目標を仮説検証して正確に再設定し、やるべきことを適切にブレイクダウンすることで、行動を小さくする。行動の内容が小さいので、簡単に実行できて、結果が早く出始める。

⬅

停滞期やつまずきがあっても、ゆるやかに、かつ、こまめに満ち欠けのタイミングを使って目標の再設定を行い、スケジュールを調整することで立ち直りが早くなる。

⬅

行動を小さくすることで、生活そのものが楽になる。つらい努力や苦労をしなくても「続く・変わる・叶う」が起き、よい連鎖のサイクルが生まれる。

いつもの手帳を取り出し、そのとなりに月のリズムを並べて、満ち欠けスケジューリングを始めていきましょう。

時間感覚は一つではない

満ち欠けでスケジューリングするというと、何か神秘的で、偶然とお祈りだけですべてをどうにかするものという印象かもしれません。でも、この満ち欠けスケジューリング術は、そういうものではありません。

太陽のリズムで動いている現代社会の時間感覚にもう一つ月のリズムの時間感覚を並行して取り入れることで、今の生活の問題点の改善や、長期的な時間への意識を変えていくワザです。

ほかの手帳術、スケジュール術と趣が異なるのは、小さなライフハックやスキマ時間ハウツーではなく、時間感覚そのものについて違う角度を取り入れて考え直していくというのが一番大きな違いだと思います。

それも、今ある時間感覚や、ここまで培ってきた経験や社会性などを否定するのではなく、それらを整えるために、並行して取り入れるというイメージです。
現状を大きく変えるのではなく、違う角度から見るということです。
同じものを違う角度から見るだけで、問題点に気づけたり、やるべきことが誰かに言われることなく理解できたりします。ここがとても大切な点ではないかと思います。

満ち欠けという現代社会では特殊な時間感覚を取り戻すことで、時間というものは単一ではなく、もっといろんな種類があって、厚みがあり豊かさがあることを感じていけたらと思っています。

時間という目に見えないものに支配され続けている感覚に押し潰されそうな現代社会の中で、この時間そのものについて、もっと幅広く、またポジティブな感覚で受け止められるようになることはとても大切なことではないかと思うのです。

人生は時間でできています。時間は誰にでも平等に与えられます。
もちろん、寿命の長さというのはそれぞれに違い、そこは人知を超えた範囲のものかもしれません。でも、今という時間は、誰にとっても平等な、大きな資産でもあるのです。

もう若くはないから、自分に残された時間はないと悲観することもできますが、だからといって今この時間というものが、若い人よりも劣った時間になるかというとそんなことはありません。時間の質というのは、ある程度自分の関わり方で変わってくるものです。楽しいことをしている時間はとても短く感じますし、嫌なことを強いられているときはわずか10分でも数時間に感じることがあります。そんなふうに、時間にもいろんな種類があるのです。

今の時間を、どう豊かにするのか。

そして、次に来る時間をどう広げたり、まとめたりしていくのか。

ただ過ぎ去るか、追い立てられるしかないと思っていた時間そのものへの関わり方が、実はいくつもある、ということを、もう一つの時間感覚を持つことで思い出していきたいのです。

短く狭い時間も取りこぼさずに完璧なスケジュールを作ることではなく、時間そのもののの感覚を変えていく。

その手がかりとして、太陽と同じく圧倒的に普遍な存在である月のリズムを使っていくのが、満ち欠けスケジューリング術の考え方です。

時間は一つではありません。

新しく、より広い時間感覚が、あなたの中に最初から備わっています。それを思い出し、今の生活を違う角度から見てみることで、確実に何かが変わっていく。

最初は、「なんとなく楽になる」という感じが多いかもしれません。それから、「やりたいことがちゃんとやれる！」という実感が出てきます。

そして、「いつの間にか、やりたいことができて、続けられている。苦しい努力をあまりしなかったのに、変わっている」ということが起きているでしょう。

それは今までのあなた自身が培ってきた力をきちんと発揮できたということです。

そんなふうに、自分自身を取り戻していく手助けになれば、これ以上のことはありません。

参考文献

『ルネーション占星術（鏡リュウジの占い入門4）』 鏡リュウジ著 説話社
『やり抜く力 GRIT（グリット）——人生のあらゆる成功を決める「究極の能力」を身につける』 アンジェラ・ダックワース著、神崎朗子訳 ダイヤモンド社
『1日5分「よい習慣」を無理なく身につける できたことノート』 永谷研一著 クロスメディア・パブリッシング
『はじめてのGTDストレスフリーの整理術』 デビッド・アレン著、田口元監修 二見書房
『努力不要論——脳科学が解く！「がんばってるのに報われない」と思ったら読む本』 中野信子著 フォレスト出版
『暦の科学（BERET SCIENCE）』 片山 真人著 ベレ出版
『月の癒し』ヨハンナ パウンガー著、トーマス ポッペ 著、小川 捷子訳 飛鳥新社
『「魂の願い」新月のソウルメイキング』 ジャン・スピラー著、東川恭子訳 徳間書店

MOON PLANNER ムーンプランナー®

曜日も12カ月も無視して新月と満月から始まる月の満ち欠け手帳。個人が手書きで作っていたものを2014年に発売して以降、独特のレイアウトに人気が集まる。

手帳を軸に、時間を感じること、自分と向き合うことをテーマにしたオリジナル商品を作り続けている。

2016年に株式会社机上の空論を設立。

意匠登録第1509779号／商標登録第5770217号

ムーンプランナー公式サイト　http://moonplanner.jp

満ち欠けスケジューリング術

2018年9月13日　初版発行

著　者　MOON PLANNER

発行者　横村友紀

発行所　MOON PLANNER'S PUBLISHING
〒158-0094
東京都世田谷区玉川3丁目20-2 マノア玉川第3ビル501

発　売　サンクチュアリ出版
〒113-0023 東京都文京区向丘2-14-9
電話 : 03-5834-2507　FAX : 03-5834-2508

表紙デザイン　小林大吾（twitter : @p_p_pinkerton）

印刷・製本　株式会社シナノパブリッシングプレス